-八福篇-

追求真福的人

李载禄博士

URIM
BOOKS

"倚靠耶和华、
以耶和华为可靠的，那人有福了。"
（耶利米书17章7节）

目 录

自序

本书所引圣经经文取自

《现代标点和合本》

自　序

　　罗马传道都市学院的大礼堂刻有这样几行字句：有一位大学生为了寻求经济上的帮助，拜访一位老富翁。老人问学生打算把这钱用在何处，学生回答说是要用来完成学业。

"然后呢？"

"我要赚钱！"

"然后呢？"

"我会结婚。"

"然后呢？"

"应该渐渐衰老了吧。"

"然后呢？"

"最终会面临死亡。"

"然后呢？"

"……"

这则故事给我们留下许多教训。如果这位学生是一个追求真福的人，他一定会这样回答老富翁最后一个提问——"进入天国"。

论福，人们通常想到富足有余、位高名赫，身强体健、家和人旺。然而留意观察我们周遭的人，能够将这些福分集于一身，的确是寥寥无几。

有的家庭虽然生活富裕，却因婆媳不和等家庭矛盾而不得安宁；本来身体健康的人因遭遇意外事故，或患上不治之症而突然丧命的事例并不罕见。

1912年4月，发生了一件举世震惊的超大型事故——承载2300名游客的豪华游轮泰坦尼克号，处女航时撞上冰山后沉没，船上的人几乎全部丧生。谁能料到这艘当时空前规模的超豪华客轮，起航不过几个小时会突然罹难。

明日发生何事，无人晓得。人即使平生享尽富贵荣华、权势名望，死后却落入地狱，在烈焰中永世受苦，怎能说他是有福之人呢？

"天国近了，你们应当悔改！"

两千多年前，耶稣的这一呼声拉开了祂传道生涯的序幕。祂最初传讲的信息就是这将人引向神国的八福宝训。耶稣向着如同一片云雾，出现少时就不见的世人揭晓何为真正的福分，好使他们获得永恒的真福，得进荣美无比的天国。

并且告诉众人若想成就八福，在世必须要作光作盐，并要用爱完成律法的要求。这些内容记录在马太福音第5章至第7章里，通常称之为"山上垂训"或"登山宝训"。

尤其八福的宝训同着哥林多前书第13章的"属灵的爱"和加拉太书第5章的"圣灵的果子"，向我们揭示进入属灵境界的蹊径。可以作为衡量我们信仰水准的指标，是我们赖以成就圣洁，进入神宝座所在的天国最为荣美的居所——新耶路撒冷之核心内容。

这次发刊的《追求真福的人》一书，是根据我自开拓教会以来多次宣讲的"八福"讲道信息整理编撰而成的。

只要成就这八福的圣训，就可以得享这地上的一切美福，也能拥有天国至美的圣城——新耶路撒冷。神所赐的福分是永恒的，是在任何困境中都不会改变的。成就八福圣训，世间无可慕羡。

深切祈盼这本书能够激励众人追求真福，更新改变成为属灵的人，永世得享神所预备的一切美福。在此向为本书的发刊付出辛劳的编辑局长宾锦善以及所有同工深表谢意。

2007年3月

李载禄 博士

第一种福分

虚心的人有福了
因为天国是他们的

马太福音5章3节
虚心的人有福了，因为天国是他们的。

某日，囚禁在美国一家收容所的一名死刑犯，手里拿着一份报纸泪流不止。报纸的头版头条就是美国第22任总统格罗弗•克利夫兰就职的报道。司狱奇怪地问他为何而哭，他便垂着头道出了个中缘由：

"克利夫兰是我大学同学。有一天放学的时候，我们听到教堂的钟声，克利夫兰劝我同去教会，我一口回绝。我们分道扬镳——他去教会，我往酒吧，两人的命运也就从此判若云泥。"

瞬间的抉择决定了人生结局。作出怎样的抉择，不独关涉到我们这地上的生命；更是影响到我们属天的生命。

应邀出席天国筵席的人们

路加福音14章记载着天国筵席的比喻，讲的是有一人摆设大筵席，到了坐席的时候，打发仆人去请人赴宴，不料所差遣的仆人均无果而归。原来被请的人都以种种借口推辞赴席。

"你的盛情我领了，可我买了一块地，必须去看看。请你准我辞了。"

"实在亏欠！我买了五对牛，得要去试一试。"

"实在抱歉！我才娶了妻，所以不能去。"

于是家主再次吩咐仆人赶快出去，到城里大街小巷，领那贫穷的、残废的、瞎眼的、瘸腿的来。这是耶稣关于天国筵席和被请赴宴之人的比喻。

虚心的人有福了，因为天国是他们的

如今也相仿，那些心里优越满足的人总会以种种借口推拒福音的恩召，而心里贫乏匮虚的人则甘心乐意接纳领受。因此获得真福的第一关就是把自己改变成虚心的人。

虚心的人

虚心的意思是心里贫乏匮虚，没有自尊、骄傲、私欲、贪婪等恶。虚心的人容易接受福音，而且信主以后也分外地爱慕属灵之事，借助神的能力很容易得到改变。

间或有人诉苦说："我的丈夫很善良，但无论如何也不肯相信福音。"人们往往把没有表露恶行的人看作是善人，但一个志得意满，不肯领受福音的人，怎能称得上是善良呢？

马太福音19章记载一个少年人来见耶稣说："我该作什么善事，才能得永生？"耶稣告诉他要遵守神的诫命，并吩咐他说：可去变卖你所有的，分给穷人，还要来跟从我。

素以爱神，恪守诫命自居的青年，听到此话居然忧忧愁愁地走了。因为他是财主，重视财物胜过永生。耶稣见此情形说道："骆驼穿过针的眼，比财主进神的国还容易呢！"

这里"财主"不单纯指财产多聚的人，主要指心里富奢得意的人。这类人即使表面上不行恶，但心里却装满了私欲和贪婪，他们视财富、权势、学识、威严、享乐高于一切，并且贪图迷恋，朝思暮想。因而感觉不到对福音的需求，觉得信神没有必要。

虚心的人必蒙富足的祝福

论到路加福音16章里的那个锦衣玉食，奢华宴乐的财主，阔绰奢华的生活使他心里满足，觉不出信神的必要。讨饭的拉撒路则相反，虽然饱受贫病之苦，在财主门前乞讨，但因心里穷乏虚逊，从而寻见了真神。

然而，死了之后他们各自的光景是怎样呢？拉撒路蒙恩得救，在亚伯拉罕的怀中得享安息；财主则落入下阴间，永世受苦。财主不堪忍受炙热的火焰，哀求亚伯拉罕说："我祖亚伯拉罕哪，可怜我吧！打发拉撒路来，用指头尖蘸点水，凉凉我的舌头，因为我在这火焰里，极其痛苦。"但于事无补，他得不到片刻的解脱。

那么，谁是真正有福的人呢？财主虽然在世拥有许多财富，生活奢华排场，却不能算是真正有福的人。虽然一生贫贱低微，但因接待耶稣基督而得进天国的拉撒路，他的生命才是真正有福的。人在地上的年岁，强壮的可到七十、八十岁。如此短暂的生命，怎能与天上永恒的生命相比！

这一比喻给我们一个深刻的教训——人生在世处贫居富并不重要，重要的是为人虚心，亦即拥有旷然虚恬的心灵能够相信永活的真神。

不过不要误以为心里穷乏虚旷，接待耶稣基督的人，必须要像拉撒路那样承受贫病之苦才能得救。因为耶稣代赎我们全罪，亲身涉历贫穷，所以只要我们成就虚心，遵行神言，活出真道，必

虚心的人有福了，因为天国是他们的

蒙富足的祝福（哥林多后书8章9节）。

正如约翰三书1章2节所说："亲爱的兄弟啊，我愿你凡事兴盛，身体健壮，正如你的灵魂兴盛一样。"我们只要灵魂兴盛，必蒙相应的赐福，如身体健壮、资财丰裕、家庭和睦等。

我们即使接待耶稣基督，经历神的同在，得享富足的祝福，也不能安于现状，应当持守信心，活出主道，努力长进，以便获得全备的救恩，承受更美的天国。因为人若爱世界，随从情欲的安排，脱离救恩的道路，他的名就从生命册上被涂抹（诗篇69篇28节）。

这好比一个马拉松选手开始一路领先，却在最后冲刺阶段偏离了跑道，非但得不到金牌，连名次都排不上。所以一个本来热衷于信仰生活的人，后来财迷心窍，恋慕世界，沉溺享乐，心里渐渐被世界填充，热心终将丧失，以至背弃信仰离开神，无法承受神的国。

正如约翰一书2章15节-16节所说："不要爱世界和世界上的事。人若爱世界，爱父的心就不在他里面了。因为凡世界上的事，就像肉体的情欲，眼目的情欲，并今生的骄傲，都不是从父来的，乃是从世界来的。"

当弃绝肉体的情欲

"肉体的情欲"是指生发于心里的非真理的意念，即指犯罪的欲望；作恶的属性。人心里有仇恨、恼怒、贪婪、淫欲、嫉妒、骄傲等属性，所见所闻所思所行都会随从情欲的安排。

例如：人心里有论断、定罪之属性，自然喜欢探听收集别人的流言蜚语，而且不管事情是非真伪，专好传言，背后议论，并乐此不疲。心存怒气的人，琐碎小事也易冲动。强压怒气，心里就翻腾如沸，痛苦愤懑，非得大大宣泄，方觉爽快。

为了除去这些肉体的情欲，我们必须恒切祷告。唯独靠着火热的祷告，被圣灵充满，我们才能够把肉体的情欲排除荡净。若是停息祷告，失去圣灵的充满，仇敌魔鬼、撒但就会趁机挑旺人肉体的情欲，使人犯罪作恶。

彼得前书5章8节说："务要谨守、警醒，因为你们的仇敌魔鬼，如同吼叫的狮子，遍地游行，寻找可吞吃的人。"故此，我们应当警醒祷告，时常保持圣灵的充满。火热地祷告，将罪的属性——肉体的情欲逐一倒空，才能成为虚心的人。

当戒除眼目的情欲

"眼目的情欲"是指因着眼见，耳听，心受触动并迷恋追求的属性。人看见某种事物时，若把所产生的感觉和印象一并存入记忆中，后来遇到类似的情形就会自动浮现起初的感觉。甚至听到相关的信息也会如此，同时引发眼目的情欲。

若不及时断除这种眼目的情欲，继续放纵任为，肉体的情欲就被挑旺、激发，进而犯罪。神指着大卫说"他是合我心意的人"。然而这样的大卫也曾因着眼目的情欲而犯下了重罪。

大卫登基作王之后，国度强盛，局面安定，朝纲稳固。有一天大卫在王宫的平顶上游行，偶然看见乌利亚的妻子拔示巴沐浴的情形，因不胜诱惑便把她接来同房。

当时拔示巴的丈夫正在战场上为国效力。大卫后来得知她怀孕的消息，为掩盖自己的过犯，便将乌利亚召回，吩咐他回家养息。乌利亚不肯随从，多次睡在宫门外，没有回家去，因他顾念战场上的战友们。大卫见事不妙，就把乌利亚安排到前敌孤军奋战，致其阵亡。

大卫以为自己爱神胜过众人，谁知就因纵容眼目的情欲，竟做出与有夫之妇行淫的恶行，甚而为了掩盖自己的罪行犯下杀人这一大恶重罪。

后来大卫因罪的报应遭受巨大试炼。从拔示巴所生的孩子突然夭折；又因儿子押沙龙的谋反而仓惶逃命，甚至遭到一介平民的诅咒辱骂。藉着这些遭遇，大卫醒悟到了自己心里的恶，就向神彻底认罪痛悔，蒙恩再次被神重用，成为神所喜悦的君王。

当今世界很多年轻人沾染、沉迷于互联网或影视上不健康的内容，却以为无足轻重，但其负面影响是不容忽视的。眼目的情欲犹如引发肉体情欲的导火线；好比城中的敌兵不断得到城外援兵或军资供应，重获抵抗的力量。

断绝眼目的情欲，完全有可能靠人自身的意志做到。只要把握住凡属非真理的就不看，不听，不思想。同时只看只听只思想属真理的，留存善美的感觉，便能彻底断绝眼目的情欲。

当离弃今生的骄傲

"今生的骄傲"是指为了满足肉体的情欲和眼目的情欲，追求现实一切的享乐，炫耀自夸的属性。有了这种属性，人自然喜爱炫耀自己，总要为自己的财富、学识、才能、相貌等夸口。

雅各书4章16节："现今你们竟以张狂夸口，凡这样夸口都是恶的。"人炫耀自夸，于己毫无益处。按照哥林多前书1章31节所说的，我们夸口，应当指着主夸口，将荣耀单单归给在天的父神。

"指着主夸口"多多益善，不仅荣耀神的名，也给所听的人栽植信心与盼望，加增对属灵世界的爱慕和热心，因为所夸的尽是寻见和体验神的见证，或神的恩典与祝福、天国的美好等。

然而有这样一群人，表面上看是指着主夸口，其实是要得人的赞赏和高举。这样的夸口是无法建立德行造就别人的。故我们应当凡事查验自己的言行，使今生的骄傲无隙可乘（罗马书15章2节）。

要成为属灵意义上的小孩子

据传美国一个小村庄有个叫比亚西的小孩子。比亚西见教会主日学教室狭小拥挤，就求神为他们预备一个更宽敞的空间。求了几天没有回应，比亚西便坚持每天给神写信求告。

比亚西在不到十二岁的幼龄就离开了世界。母亲在整理比亚西遗物时发现一捆厚厚的书信，每一件都是写给神的。母亲把那一捆信交给了牧师。牧师深受感动，便在讲道时向圣徒们提了这件事。

此消息一经传出，引起热烈反响，捐款四处涌来，教会建筑资金得到充裕，盖了一所新教堂还有剩余。后来人们纪念比亚西，又建立了一所小学，一所高中，后来又建立了一所大学。这是一个小孩子所持相信神"祈求就给你"那应许之言的纯正信仰所显出的惊人果效。

马太福音18章里门徒们问耶稣说："天国里谁是最大的？"耶稣回答说："我实在告诉你们：你们若不回转，变成小孩子的样式，断不得进天国。"

意思是：在神面前不论年纪多大都应当具备像小孩子般的心志。

小孩子天真率直，单纯不疑地接受知识教导，我们同样谨遵神训，方能进入所应许的天国。

比如：神吩咐我们"要不住地祷告"，就应照着经训恒心遵行，不住祷告，没有任何借口托词狡辩；吩咐我们"要常常喜乐"，便当在任何困难的环境中也极力做到喜乐相随，不会质疑："愁事这么多，怎能喜乐？"神说不可恨人，就不该找寻任何理由，只管去爱仇敌。

当我们这样具备小孩子般的心志时，犯了错误就会立刻悔改归正，尽心竭力遵行神的教导。

然而当人染上世俗的污秽，失去挚朴纯真，心灵变得麻木无感，往往就会肆无忌惮地犯罪，常常对人论断、定罪、猜忌、嫉妒；总爱揭人之短，扬人之过；大大小小的谎言脱口而出，却并不认为自己是在行恶。

一副藐视他人的狂傲；喜欢受人的服侍；利迷心窍，忘恩负义，却无负罪之感。因为求己益处的私欲过于旺盛，便顺着自己的贪念行事。

然而当人领受真理，为自己打造小孩子般纯真的心灵，就会对善与恶做出敏锐的反应，见到善事极易受感落泪；见到恶事则顿然起憎，深恶痛疾。只要神看为恶的，即使世人不以为然，也会打心底里生厌，竭力避而远之。

而且小孩子没有傲气，不固执己见，对任何教诲都诚恳地接受，同样，属灵意义上的小孩子从不强调自尊，从不自视过高。他们唯独效法主的样式，行事为人温柔谦和，不像耶稣时代的文士和法利赛人自以为通晓真理，妄行论断定罪之虞。

属灵意义上的小孩子聆听神道时没有自以为是的想法，听到与自己的认知不一致或理解上有难度的内容，也不会随意判断、定论，造成误解，反而以信为念，谨遵而行。听闻神大能的见证时，也会放下所谓的体面和尊严，渴慕追求亲历神迹。

我们若具备孩子般纯正的心灵，就能诚然信奉神的道，并且谨守遵行。用神的道对照自己，即使发现细微的罪迹恶痕，也会认真地清扫除尽，竭力更新自己的心意。

但有的人却不是这样，信主时间虽然很长，却依然只在知识层面上积累神的道，心态渐渐变得像大人一般，发现了罪也漫不经心，麻木淡然，不再像起初蒙恩之时那样立刻痛悔认罪，禁食祷告，竭力离弃。听道时浮现"这道我明白，早就听过"的不屑，或只

虚心的人有福了，因为天国是他们的

愿意顺从合己心意、见识或利益的部分，甚至将这道作为判断人、论定罪的依据。

若想成为虚心的人，必须以谦卑为怀，时常凭着神的道去发觉心里的恶，靠火热的祷告，脱去罪恶，打造孩子般纯真的品性。这样才能得享神所预备的祝福。

承受永恒天国的福分

那么，虚心的人所蒙的祝福具体是什么呢？马太福音5章3节说："虚心的人有福了，因为天国是他们的。"虚心的人得蒙永恒的福，亦即拥有天国的福分，这等真福乃是这地上的荣华富贵所无法比拟的。

天国是神的儿女在天的永居之所，是这世间无与伦比的富丽堂皇的属灵世界。神正在为那些心里穷乏虚旷，敞开心扉领受福音作神儿女的众人预备荣美无比的天国，犹如父母为即将出生的宝宝提前把衣服、玩具、婴儿车等用品预备齐全。

耶稣说："在我父的家里有许多住处"（约翰福音14章2节），神的国里有许多的住处，层次分明。一个人进入怎样荣美的居所，取决于他本着爱神的心遵行主道，建立信心的程度。

人的信仰水准若仅仅停留在本着虚心领受福音，信靠基督得蒙救赎的水准上，便只能得进天国最底端的住处——乐园。如果竭力活出神的道，信心日渐增长，心意更新再更新，就可以按照成圣的程度进入第一层天国、第二层天国、第三层天国，进而全然成圣，在神的全家尽忠，就可以进入新耶路撒冷这一最为荣美的天国住处，尽情得享永生福乐。

若想更详细地了解天国的住处和幸福生活，可以参照《天国（上、下）》，由于篇幅有限，这里只介绍其中极小的一部分。

神荣耀之光普照的新耶路撒冷城内，回荡着天使们悠扬的赞美歌声。用黄金宝石修饰，璀璨夺目、金碧辉煌的建筑之间有精金街道；嫩绿的草坪，青翠的树丛，锦簇的繁花交相辉映，美不胜收。

明亮如水晶的生命水的河悠然淌流，河边是绵细金沙的河滩。黄金长椅上摆着天使们带来的盛有生命果的精美果篮。远处望见开阔的玻璃海，用各种宝石修造的豪华游轮游弋其上。

进到这里的人们，得享众多天使的伺候，得赐君王般的权柄和尊荣。在这里人们可以驾着光耀的云彩骄车翱翔蓝天；可以常见主面，与主同行；还能与先知们同享天国筵席的欢乐。

新耶路撒冷还有这地上无法见到的无穷无尽的绮丽珍贵之物，处处展现美丽的风景。故我们不能停留在仅仅得救的信仰水准上，应当在神面前更加虚己卑微，用神的道把自己修造完美，为自己赢得进入天国中最为荣美的居所新耶路撒冷的资格。

亲近神是与我有益

虚心的人能够寻见神，蒙恩得救，在地上得享神儿女的权柄与祝福。有一位长老蒙了这一虚心之人所当得的祝福。他曾患有"公害病"这一罕见的疑难病症，七年之久与病魔抗争。

十年前，因着病情的恶化，他不得不辞掉工作，在极度的无助感中，随时袭来轻生的念头。眼前一片茫然，看不到一线希望，认识到靠自己一事无成，他变成了穷乏匮虚的心灵。

有一天他在书店闲逛，当走到信仰书籍专柜时，有一本书吸引了他的视线。就是我的信仰见证自传《死前见真光》。书中见证了以无神论自居的我，身患不治之症，七年之久在垂死的边缘中迷茫挣扎时，神向我伸手，施恩拯救。

书中情节与他的经历和处境十分相似，他便如饥似渴地通宵阅读，边读边流泪。我的见证使他有了"我也能得医治"的确信，随后注册登录了本教会。

结果不但罕见的疑难病症蒙神权能得了医治，而且复归原职。因其做事恪守诚信，在公司里博得"信仰虔诚"的好口碑，又蒙晋升的祝福。他还领家人亲戚70多人信主，天国的赏赐会有多大，可想而知。

诗篇73篇28节说："但我亲近神是与我有益，我以主耶和华为我的避难所，好叫我述说你一切的作为。"

如果你亲近神，蒙了这八福中头一个福分，那就应该更加谦卑如小孩子，热切爱神，殷勤传道，领更多虚心的人归主得救，好使自己全蒙那满有慈爱，厚赐与人的神所预备的八种美福。

第二种福分

哀恸的人有福了
因为他们必得安慰

马太福音5章4节
哀恸的人有福了，因为他们必得安慰。

有一对挚友，肝胆相照，友情深厚，彼此相爱，互为珍重，当一方落险有难时，为救朋友甚至可以置生死于不顾。当听到朋友阵亡的消息，悲痛至极的生者寄以深切追思，撕裂衣服为死者悲哀、哭号、禁食到晚上。

"我为你悲伤！我甚喜悦你，

你向我发的爱情奇妙非常，过于妇女的爱情。"

如此哀恸表白，并收留其子，照料他如同己出。这就是撒母耳记下第1章里记载的大卫和约拿单的友情。

人一生的年月常有悲伤哀痛相伴，如：亲人的死别，疾病的煎熬，生活中的矛盾，经济上的困窘等等，真可谓人生如戏，悲苦相继。

属肉的哀恸不是出于神

纵观人类历史，战争暴乱频频，饥馑瘟疫连连，灾难祸殃不断，举国之殇循环；细阅人生旅程，也是障难满布，关口重重，坎坷变故，哀愁多痛。

有的因生活困苦而哀怨愁烦，有的因疾病煎熬而唉哼嘘叹；或有的因谋事屡挫而痿蹶丧气；有的因亲人的背叛而伤怀涌泪。

凡这些因遭遇人生悲苦而引发的伤感哀叹都是肉体的情绪反映，均出自本身的恶念或欲望，但这些绝非神的意思。属肉的忧伤哀恸，无法得到神的慰勉。

然而《圣经》告诉我们：常常喜乐是神的旨意（帖撒罗尼迦前书5章16节）。屡次吩咐我们在生命中要常常喜乐，如"你们要靠主常常喜乐；我再说，你们要喜乐"（腓立比书4章4节）。

说到这里也许会有人提出质疑："人遇见喜事好事当然欢喜快乐，遭遇试炼苦难怎能喜乐？"

然而，我们之所以能够常常喜乐凡事谢恩，是因为我们已得蒙救恩，并且得称祂的儿女，得着承受天国的应许。同时相信儿女的求告父神必会垂听，并为我们解决。这就是我们常有满足的喜乐并感恩的原因。

本教会的郑明浩牧师，早年被差遣到非洲宣教，足迹遍布非洲54个国家，不断主持布道盛会。郑明浩牧师于十多年前辞掉大学教授职务，前往非洲拓展宣教事工。但没过多久他的独生儿子归了天家。

而他依然向神谢恩，反倒安慰前来吊唁的圣徒们。他之所以在这样的处境也能喜乐感恩，是因为他相信神把他的爱子接到那没有哭号、忧愁、痛苦、疾病的美丽天国，将来必在天堂与之重逢。

凡这样心存信心与盼望的人，无论遇到任何令人悲痛的事也不会受负面情绪的支配而导致属肉体的哀恸；在任何事上他们都能保持这种属天的喜乐。

无论遇到什么问题，我们只要心存感恩，凭着恒定不变的信心向神祈求，神必照着我们的信心排解我们一切的难处。神对专心信靠仰赖祂的人，必使万事都互相效力，凡其所求无不应允成全，故而虔诚信神的人没有难成的事，对他们而言，属肉体的哀恸是毫无价值的。

属灵的哀恸是神所喜悦的

属灵的哀恸是神所喜悦的，而属肉体的哀恸则恰好相反。马太福音5章4节说"哀恸的人有福了"，这里"哀恸"指的是为神的国和神的义而发出的属灵的哀恸。那么属灵的哀恸具体都有哪些呢？

首先是懊悔的哀恸。

我们信耶稣，迎接祂作我们个人的救主，就能在圣灵的帮助下，从心里醒悟耶稣代替我们的罪舍命于十字架的大爱。当人感悟到耶稣的如此大爱时，自然就会流露出懊悔的哀恸——痛哭流涕，认罪痛悔。

悔改是指我们从不认识神时在罪孽中打滚的状态中彻底回头，转而遵行神道。懊悔的哀恸会使罪的重担从我们身上脱落，心里充满喜乐。

虽已过了30来年，但我依然清楚记得当年刚刚遇见神，初次参加布道盛会汲取圣言经训时，哀恸之下痛哭流涕懊悔认罪的经历。

信神之前我素以仁义良善自诩，但当我听了神道，回顾自己的人生足迹时，才发现自己违背真理的部分实在太多。当我撕心裂肺地痛悔，坦白陈明一切罪过之后，感觉身心轻如鸿毛，并且充满了能遵行神道的确信。我戒掉了烟酒，开始殷勤读经，按时参加晨祷。

然而，一个人即使这样哀恸悔改，蒙了赦罪之恩，但在信仰历程中难免出现令自己重新懊悔、再生哀恸的现象。获得了神儿女的身份，理当遵行神道，脱去罪恶，活出圣洁的形像，但在信心充足得以完全之前，人有时还会重犯旧罪。

逢此，爱神的人必会满心亏欠和愧疚，向神认罪痛悔：“神啊！求您帮助我彻底弃绝这个罪，赐我遵行您话语的能力！”当人这样哀恸懊悔时，必得上头来的能力，得以弃罪归正。这样看来，一个哀恸的人在神面前则是满有福分的人！

当然圣徒当中也有这样一些人，屡犯旧罪，每每后悔。他们是属于变化迟缓，或是压根就没有改变迹象的类型。他们貌似哀恸懊悔，但并非发自内心。

假如一个学生交了坏朋友，总是惹是生非，虽每次都向父母承认错误，但行为依然如故，迷途却不知返，这怎能算是真正的悔改呢？唯有回心转意，远避损友，转离恶道，专注学业，才为真正的悔改。

一个真正因罪哀恸的人不应该只悔不改，重蹈覆辙，应当端正自己的行为，结出与悔改的心相称的果子来（路加福音3章8节）。

进而信仰成熟到某种程度，成长为教会的工人，就不应该再有懊悔的哀恸。这不是说人犯了罪也不用哀恸，而是信心长进，除净罪恶，不再犯令自己哀恸的事。

懊悔的哀恸也出现于我们未能担当好使命的时候。哥林多前书4章2节说："所求于管家的，是要他有忠心。"我们理应忠于使命，多结美好的果子。未能胜任使命的时候，自然会感到痛惜，发出懊悔的哀恸。

这里应当注意的是：有负使命，应当痛悔改正，否则会有罪墙与神隔断，有可能不得神的保守。好比已经成年的人行事为人仍像不懂事的小孩子那样，必受父母责备和管教。

所以只要刻苦己心，衷心哀恸痛悔，必得神赐喜乐与平安，可以从神增强自信与能力，能够胜任使命。这就是神对那哀恸之人所赐的安慰。

其次是为主内弟兄的哀恸。

教会中偶有主内的弟兄犯罪，踏入死亡之路的现象。心存怜恤的人见了，自然生发恻隐之心。感同身受，悲悯哀恸，带着爱心替他认罪，为他代祷。

可惜却有这样一群人，非但不为犯罪的弟兄哀恸，代祷，反而妄加论断，定罪，以尖酸刻薄的话挖苦弟兄，甚至到处张扬传其过犯。这种行径在神面前是极不相宜，理当用爱遮掩人过，为那犯罪的弟兄代祷，促其远离罪恶。

使徒行传第7章里记载司提反执事殉道的场景。司提反执事宣讲神的道，犹太人听了如针扎心，咬牙切齿，一听他说灵眼打开看见主站在神的宝座右边，他们恼怒至极，齐拿石头击打司提反。司提反执事在乱石击打中直到睡去，依然用爱心为那些恶人祷告。

"求主耶稣接收我的灵魂！"
又跪下大声喊着说：
"主啊，不要将这罪归于他们！"
说了这话，就睡了。（使徒行传7章59节-60节）

耶稣又是如何呢？祂受尽讥诮凌辱逼迫，被钉于十字架，却依然用爱心为钉祂的人们献上中保祷告。

当下耶稣说：
"父啊，赦免他们！因为他们所作的，他们不晓得。"
（路加福音23章34节）

耶稣无辜承受十字架的苦难，仍为害祂的众人献上赦罪的祷告。从耶稣所为，我们明白了祂的爱是何等长阔高深。替人认罪，为人代求，这种自愿付出的爱心是神所喜悦的，会成为蒙神赐福的依据。

追求真福的人

再就是为拯救灵魂的哀恸。

身处被罪恶所充斥的这个世界，看着走向灭亡的世人，神的儿女若是有爱心，理当感到心痛和怜悯。我们生活的这个时代已是恶贯满盈，形同遭神审判被洪水覆没的挪亚时代和遭到烈焰焚灭的所多玛和蛾摩拉地。

我们不仅应为尚未得救的父母、兄弟、亲戚、邻舍哀恸，也当为国家、民族、教界，乃至亵渎神国的一切行径哀恸。这些都是关乎拯救灵魂的哀恸。

使徒保罗常为神的国和神的义，乃至为众灵魂忧心和哀恸。为了传主的福音，他受尽了苦难和逼迫，甚至多次遭受牢狱之苦，但他从未因此哀伤或悲戚，反而祷告唱诗赞美神恩（使徒行传16章25节）。但他为神的国，为众灵魂，却是经常甚为痛心和哀恸。

"除了这外面的事，
还有为众教会挂心的事，天天压在我身上。
有谁软弱我不软弱呢？
有谁跌倒我不焦急呢？"
（哥林多后书11章28节-29节）

"所以你们应当警醒，
记念我三年之久昼夜不住地流泪，劝戒你们各人。"
（使徒行传20章31节）

哀恸的人有福了，因为他们必得安慰

凡这样为神的国而哀恸的人，看到圣徒们在信道上不坚固、教会未能活出神的荣耀时，会深感忧心和哀恸。

为主的名受逼迫的时候，他们不会因此悲哀叹悔，反而为逼迫自己的人哀恸怜悯，用爱心为他们祈求祷告。眼见世界幽暗越发加深，他们亦会为之哀恸，为更加显明神的荣耀，更多地拯救失丧的灵魂而恳切祈求。

属灵的哀恸本乎属灵的爱

那么，如何才能发出神所喜悦的属灵的哀恸呢？关键是要使属灵的爱成形在我们里面。

约翰福音6章63节："叫人活着的乃是灵，肉体是无益的。"唯独神所认可的爱，才能给人培植生命，将人引入救恩之路。爱心虽然满溢充沛，若都是不合真理的属肉的爱，便是毫无价值。

爱可分为属肉的爱和属灵的爱两类，属肉的爱是求己益处的爱，注定腐朽、变质的虚假的爱。属灵的爱则是不变的爱，发源于神真理之道，是可以为别人蒙福甘心牺牲自己的真爱。

属灵的爱不是任谁都可以行出来的，唯独领悟神的爱，遵行真理的人方能活出。本着属灵的爱心去爱仇敌，能为别人舍命的人，神必恩赐他丰盛的祝福。所及之处，引领许多人归入主怀，激励和感动众人，生命繁茂昌盛。

所以，当我们心里存有属灵的爱，才能由衷地为灵魂哀恸，为他们祷告祈求，就是心肠异常刚硬的人也能得到感化，生命得到更新，信心得以增长。

那些神所爱的古人先知因为具有这般属灵的爱，所以能够为灵魂，为神的国和神的义，深切哀恸流泪祷告。不单带着怜悯之心哀恸流泪，还不分昼夜悉心看顾照料众灵魂，尽忠竭诚担当主托付于自己的使命。

可见真正的哀恸是与行为并行的，就是带着爱灵魂的心，殷勤传道、祷告、探访。属灵的爱成形在我们心里，我们便能为神的国和神的义作出属灵的哀恸。

借此，我们可以带动身边的人灵命增长，兴旺父神的国度，满得神的祝福，正如马太福音6章33节说："你们要先求他的国和他的义，这些东西都要加给你们了。"

哀恸的人所蒙的祝福

马太福音5章4节说："哀恸的人有福了，因为他们必得安慰。"属灵的哀恸，会使人得神的安慰。

神所赐的安慰不像世人带给的，是实实在在的，不只在口头上，正如约翰一书3章18节所说："小子们哪，我们相爱，不要只在言语和舌头上，总要在行为和诚实上。"

困苦穷乏的人赐他物质上的祝福；久病缠身的人赐他健康的祝福；带着心愿恳求的人，就为他成全。

对那些未能胜任使命而哀恸的人，就相助他充足能力；在拯救灵魂的事上哀恸的人，就扶持他结出传道的果实，取得复兴的成就。不仅如此，对那些为了弃罪而撕心哀恸的人，就赐他赦罪的恩典，并按他弃罪成圣的程度赋予相应的权能，甚至使他行出保罗所行过的大能。

数年前，我经历了关乎教会存亡的巨大试炼。当时，那些给教会带来试探的人们、无辜受逼迫的圣徒们，以及由于信心软弱而背离教会的圣徒们使我深感哀恸，寝食难安。

因我太了解亵渎神的教会是何等大的罪，所以一想到那些使教会陷入困难的众人，我就不由得泪流满面。尤其想到那些迷信流言，叛离教会，弃绝神恩的众灵魂，我分外地哀恸，我必须担负自己未能保全主所托付之群羊的责任。

我的体重快速下降，甚至到了走路也困难的地步，但我坚持每周三次登台讲道。虽然有时担心自己突然晕倒，但我依然坚持守住讲台，因为不想让圣徒们为我担忧。神喜悦我这般心志，每当我祷告时神就对我说："我爱你！"，并安慰我说："必有祝福的回应。"

蒙神安慰的祝福

时候到了，神逐一排除了误解，使圣徒们的信心更上一个台阶。并赐下先前所无与伦比的大权能，显现无数医治的功效，使惊人的奇事、神迹和异能大大彰显。

神不仅使教会摆脱毁坏的危机，还使教会满得祂的祝福，取得前所未有的大复兴，而且借此世界宣教的大门向我们敞开。我们举办的海外盛会有数十万计，甚至百万计的人云集，祝福我们拯救许多灵魂归主得生，想想吧，世界上哪有比这更大的祝福，更大的喜乐！

在长度为世界第二的马里纳海滩举行的"2002印度联合大盛会"上，神的作工尤为震撼人心——聚会人数多达300万人次，蒙神医治的人不计其数，无数的印度教徒改信基督教。

就这样，神总以超乎想象的祝福作为对我们的安慰，按时丰盛有余地补足我们最需要的，并在天上为我们积攒赏赐。因此神的安慰，就是我们真正的福分。

正如启示录21章4节所说："神要擦去他们一切的眼泪，不再有死亡，也不再有悲哀、哭号、疼痛，因为以前的事都过去了。"神赐我们无法形容的荣耀与赏赐，使我们得以将来在没有哀哭、忧愁、苦痛的天国里永享无尽的幸福与欢乐。

经常为神的国和教会哀恸、祈祷的人，将来在天国会拥有极多的黄金宝石和奖赏，尤其他们的房屋是以光耀的大珍珠精美修饰。一颗珍珠是蛤蚌经过长时间忍受异物刺激的痛苦，分泌自身精华粘液所生成的。照样，我们在这地上接受耕作时，为了成为新造的人、为兴旺神的国度、因顾念众灵魂而时常流泪哀恸恳求。在这种意义上，神赏赐珍珠作为对我们的安慰。

属肉体的哀恸是无益的，独有属灵的哀恸，就是为神的国，为灵魂所作的哀恸，才能得神的安慰，并且在天上获得重价的赏赐。望所有读者都能领受这一福分。

第三种福分

温柔的人有福了
因为他们必承受地土

马太福音5章5节
温柔的人有福了，因为他们必承受地土。

年轻时期籍籍无名的律师林肯，常遭到同行斯坦顿律师藐视、讨厌，有一次他得知被安排与林肯共同处理一桩重要案件，斯坦顿极为不悦，竟然当着林肯的面甩门离开。

"一个乡巴佬，我怎么能跟他一起共事？"

……时过境迁，林肯当选总统。组织内阁时，林肯任命斯坦顿担任国防部长。幕僚们都感到震惊，建议他重新考虑这决定，因为斯坦顿曾经扬言"林肯当选总统，将是整个国家的灾难"，并曾对林肯进行过刻毒的攻击。此时，林肯语重心长地说道：

"他藐视我侮辱我多少次又算什么？他思路透彻敏锐，有清晰的使命感以及稳定局面的信念和魄力，充分具备国防部长要职的资质。"

林肯具有包容大度的宽仁襟怀、温柔品性，甚至对攻击诋毁自己的人也容忍到底。后来斯坦顿敬服林肯，诚然称颂林肯为世界上最伟大的人物。

这才是真正善美而温柔的心怀，不敌视或排斥对抗自己的人，反而待以理解和宽容，勉励对方发挥优点长处，改过自新。

神所认可的属灵的温柔

人们通常把表面上优柔和顺的人视为温柔的人，比如：性格内向拘谨的人，或智商偏低，思想愚痴不化，反应迟钝的人。然而神所肯定的温柔的人是温柔的品性兼具美好德行的人。

温柔的人有福了，因为他们必承受地土

这里"德"是指品行端正，合乎道义之事。从神的视角讲，德又是治事理人刚正威严等各方面都兼具的状态。

温柔与德行看似相似，实有差别。温柔是内在的，而德行是外在的，论这两者的关系，德行如同温柔的外衣。一个人即使具有高尚的操守，若是着装邋遢，便是大跌品位。照样，缺少德行的温柔是不完全的。反之，缺少温柔的德行也是犹如瘪谷一样没有价值。

神所认可的温柔不仅满有品性的温良柔顺，还要兼具德行，能以宽阔的心怀包容众人，如同一颗可供众人乘凉安歇的参天大树。

耶稣心里柔和，祂不争竞，不喧嚷，甚至街上也没有人听见祂的声音。无论是善人还是恶人，祂都以同样的恩怀相待，因而所到之处有许多人跟随祂。

要具备容人的品德

我国历史上也有过品性温柔的君王。享有圣明之君美誉的世宗大王非但性情温柔而且还兼具德行，故深受臣民百姓的爱戴。其当政时期黄喜宰相和孟思诚等卓越人才辈出，立下创制韩文的伟绩。

他还推行医疗制度改革，发明金属活字，广招朴堧、蒋英实等音乐、科学方面的精英才子，使文化之花在当时得以灿烂绽放。温柔兼具德行的人，会有许多人愿意投靠其怀，广结善美之果。

温柔的人能包容不合自己心意和教养的人，从不凭着恶意去论断或定罪，凡事设身处地，理解对方，谦卑为怀，服事他人，他们的心如同棉絮一般柔和温馨。

钢铁遭石击，刺响震耳；玻璃遭石击，支离破碎；然而棉絮遭石击，则悄无声息且完好无损；无论怎样坚硬的石块，棉絮也会敞开胸怀温柔地相拥包裹。

心里温柔的人对那些信心软弱而犯罪作恶的人也不嫌弃，恒心不变地寄予他们更新变化，并扶持、引领他们在所信的道上渐渐长进。心里温柔的人慈语轻声，从不自夸、喧嚷、争竞，不说虚浮的话，只传递真实的言语，他们口中只有造就人的真理。

就是有人恨恶辱骂，他们也不会心生不良情绪，更不会感到伤害；对别人的劝勉或指责，他们也欣然领受，借机更新自己发展自己。无论对何人，他们都不会产生过节。他们善于理解和包容别人的短处和欠缺，从而博得众人的心。

殷勤把心田开垦成好土

为了成就属灵的温柔，我们必须殷勤作成开垦心田的功夫。马太福音13章里，耶稣把人心比作四种田地。

路旁地因土质过于坚硬，播了种子而不发芽，表示人的心地刚硬，听了神的道也难以建立信心。这种心地刚硬顽梗，听了真理也不打开心门，因此很难经历到神。即使出席教会，也是漫无目的，不能把神的道植根于心里，导致信心得不到成长。

论到石头地，种子撒在其上会发芽，但因有石头的阻碍而无法正常生长。石头的心田与此相仿，听了道，却因没有确信而行不出来，遭遇试探就踬跌仆倒。这类人可以认识神，也能得到圣灵的充满，比路旁的心田强，但因其心田未经真理的开垦，故没有行为，亦即没有行道的表现。

在荆棘地里撒种，起初长势良好，但后来因受荆棘的挤压而不能结实。照样，荆棘的心田因有贪心私欲而不胜"钱财的迷惑"，"世上的思虑"，而且凡事以自己的想法、观念和计划当先，以致无法经历到神的能力。

好土地则因土壤疏松肥沃，其上撒种极易发苗，并且生长发旺，结实30倍、60倍、100倍。好土的心田也一样，对神的话语惟有"阿们"、顺从，在任何事上硕果累累。这就是神所喜悦的温柔的心怀。

我们应当察验自己是怎样的心田。当然，人心很难像尺寸测量一样明确区分为路旁地、石头地、荆棘地或好土地。或者路旁的心田中混杂着石头的心田，或者本是好土的心田，却在成长过程中铸造如石头般的非真理。

但无论何种地，只要殷勤开垦就可以改良成沃土。与此同理，我们具有何种心田并不重要，关键是怎样殷勤地开垦。

就像农夫带着丰收的指望，经过拣石、除草、施肥等流汗的辛劳，将瘠薄的荒地开垦成好土地一样，我们若从我们心里脱去仇恨、嫉妒、纷争、论断、定罪等恶，就可以成就温柔良善的心灵，亦即成就好土般的心田。

凭信祈求除恶到底

我们为了开垦心田，第一要紧的就是用心灵和诚实拜神，勤听神的道，并且要听有所悟，悟有所行。无论遇到任何难处，也当常常喜乐，不住地祷告，凡事谢恩，同时尽心竭力脱去心里的恶。

我们只要火热地祷告，恳求神的能力，并竭力遵行神的话语，得蒙神的恩典与能力，以及圣灵的帮助，就能迅速脱去一切罪恶。

但关键是坚持不懈地凭着信心祷告祈求，不能尝试一两次就放弃；田地无论怎样肥沃，若不撒种，或者没有耐心栽培管理，必然颗粒无收。正如希伯来书11章1节所说：信就是所望之事的实底，只要坚持不懈地努力，专心信靠并迫切祷告神，必然获得丰收。

当然，在除去心里的恶之过程中会碰到这种现象：自以为在某种程度上离弃了，无意间复又呈现出来。这好比一颗洋葱剥掉了一层，里面还有一层，与原先剥掉的十分相似。但只要不放弃，继续作除恶的功夫，终必造就圣洁的心灵、温柔的心怀。

带领以色列民出埃及的摩西温柔的品性

带领以色列民出离埃及进迦南美地的40年历程中，摩西历尽艰险，饱受磨难。

根据《圣经》记载，当时以色列百姓光男丁就达60万，那么包括妇女和孩子，估计足有200万。带领如此庞大的族群，在粮米水源无处可寻的旷野，经历长达数十年岁月的漂流，面临多少困难和艰险，可想而知。

后面是策马疾驰的法老追兵（出埃及记14章9节），前面是波涛汹涌的红海——当他们处于两难境地时，神为他们分开红海，使他们走干地到彼岸（出埃及记14章21节-22节）；因无水而干渴时，神使磐石涌出活水（出埃及记17章6节），又使苦水变成甜水（出埃及记15章23节-25节）给他们众人解渴；没有粮食的时候，神又降下吗哪和鹌鹑，使众民得到饱足（出埃及记14章-17章）。

然而，以色列百姓尽管亲眼目睹永活的真神奇妙的大能，每当遇到难处的时候却照样向摩西发吐怨言，宣泄不满。

"巴不得我们早死在埃及地耶和华的手下，

那时我们坐在肉锅旁边，吃得饱足；

你们将我们领出来，到这旷野，

是要叫这全会众都饿死啊！"（出埃及记16章3节）

"你为什么将我们从埃及领出来,

使我们和我们的儿女并牲畜都渴死呢?"（出埃及记17章3节）

"耶和华因为恨我们,

所以将我们从埃及地领出来,

要交在亚摩利人手中, 除灭我们。"（申命记1章27节）

甚至有的人埋怨摩西, 几乎要拿石头打他。然而摩西并没有嫌弃这些百姓, 用真理耐心地开导他们, 尽心竭力把他们引入迦南美地, 历时40年。单凭这一点, 我们也能推知他是一个极其温柔的人。

故在民数记12章3节里, 神称赞摩西说:"摩西为人极其谦和, 胜过世上的众人。"

然而摩西温柔谦和的品性并非与生俱来。他原本性情如火, 曾经一怒之下打死凌辱自己同胞的埃及人。身为埃及王子, 他曾踌躇满志, 对未来充满自信。然而在米甸旷野牧羊的经历, 使他的老我彻底被打破。

杀死埃及人的事件被败露, 摩西被迫逃离养育他40年的宫廷, 在旷野寄人篱下成为一个牧羊人, 这一遭际使他深刻领悟到靠自身力量是任何事情都做不成的。经过这一熬炼的岁月, 摩西变成了无论何种人都能包容的温柔谦和的人。

温柔的人有福了, 因为他们必承受地土

属肉体的温柔和属灵的温柔之区别

按肉体讲，温柔的人性情安静、柔顺，不愿大声喧嚷，不喜欢与人争闹。他们处理非义之事时优柔寡断，遇到不快的事，表面上看似安然，内里却是压抑苦闷，情绪膨胀到了极限，也会爆发出来。他们因缺少对使命的热忱和忠心，所作的事上结不出果子。

这种在性格层面上的内敛而温顺，与神所喜悦的温柔的品性迥然不同。人看着觉得温柔，但鉴察人内心的神并不认为那是温柔。

相反，那些脱去心里的非真理，灵性变得温柔谦和的人，好比一块好土的田地，所种必有丰收，必然结出复兴的果实、传道的果实，在各种领域中硕果累累。还结出光明的果子（以弗所书5章9节）、爱的果子（哥林多前书13章）、圣灵的果子（加拉太书5章22节-23节）等属灵的果子，成为神所喜悦的属灵的人，凡所求的即可得蒙应允。

尤其温柔的人，行事为人在真理里面刚强壮胆。这种刚强壮胆体现在该用真理指正的时候，就予以严厉的教训；针对在神面前犯重罪的灵魂，就用爱心去责备或规劝，使其悔改归正。

例如：耶稣虽然性情柔和，但祂针对违背真理的事，却有严厉的责备。

"看见殿里有卖牛、羊、鸽子的，并有兑换银钱的人坐在那里。耶稣就拿绳子作成鞭子，把牛羊都赶出殿去，倒出兑换银钱之人的银钱，推翻他们的桌子。又对卖鸽子的说：‘把这些东西拿去，不要将我父的殿当作买卖的地方。’”（约翰福音2章14节-16节）

祂还严厉责备那些违逆神的道，以虚假的教训蒙骗众人的法利赛人和文士（马太福音12章34节；23章13节-35节；路加福音11章42节-44节）。

属灵温柔的境界

哥林多前书13章里提到恩慈，加拉太书5章论到圣灵的九种果子时提到温柔。

那么这些与八福中提及的温柔有何区别呢？当然这三样并非分门别类，在基本的蕴义上，即“温和柔顺，兼具爱心和德行”是一脉相承的。只是各自在属灵的深度和广度上存在差异。

首先爱篇里所讲的恩慈，是指造就属灵的爱心所必备的基本的温柔，圣灵的九种果子之一的温柔则是更广义的概念，是指在凡事上体现温柔。

如果说圣灵的九种果子之一的温柔是心里结了温柔之果，那么八福中的温柔则是这一果子在生命中淋漓尽致地发出功效，悉数得获神丰盛的祝福。

温柔的人有福了，因为他们必承受地土

如果说结圣灵的果子犹如一棵美丽的果树结满丰硕的果实，那么八福可以比作摘取享用其上的果实，滋养身体。可以说八福的温柔是最高深的境界。

温柔的人所蒙的祝福

如马太福音5章5节所说"温柔的人有福了，因为他们必承受地土"，具备属灵温柔的人，会承受地业。

这里"承受地土"并非意味着承受这世间的地业，乃是指在永恒的天国承受永恒的地业（诗篇37篇29节）。

这里"承受"包含"继承"之意。从祖辈或父母继承的地业，比花钱购得的地业，在产权上对公众更具有说服力。

例如：祖传的基业，具有广泛的社会公认性，代代相传，后人分外地爱惜和维护。因此，"承受地土"包含着人从神承受的地土将永远成为自己的所有。

那么，神为何将天国的地土赐给温柔的人呢？因为温柔的人兼具美好的德行，包容众人于恩怀之中。正如诗篇37篇11节所说："但谦卑人必承受地土，以丰盛的平安为乐。"

灵性温柔的人，宽恕别人的过犯，具有理解、包容众人的恩慈胸怀，可供众人倚靠，得享心里的平安。

他们能够博得人心，这就成为他们属灵的权柄。在天上他们必然得享极大的权柄，承受广阔的地土为基业。

属灵的权柄可承受天国地土为基业

世上的权柄是通过财富和名声获得的，然而在天的属灵权柄是靠降卑己心，服侍众人所蒙得的。

马太福音20章26节-28节说："只是在你们中间不可这样。你们中间谁愿为大，就必作你们的用人；谁愿为首，就必作你们的仆人。正如人子来，不是要受人的服侍，乃是要服侍人，并且要舍命，作多人的赎价。"

马太福音18章3节-4节说："我实在告诉你们：你们若不回转，变成小孩子的样式，断不得进天国。所以，凡自己谦卑像这小孩子的，他在天国里就是最大的。"人若变成小孩子的样式，乃是表明他已降卑到极处，这样的人在地博得众人之心，在天得享极大的尊荣。

因为灵性温柔的人在世包容许多人，神就赐他们相称的宽广的天国地业，永世得享权柄荣耀。若在天国里得不到宽广的地业，怎能建造规模宏大而且富丽堂皇的居所呢？

无论怎样竭力尽忠、殷勤事奉，奉献良多，因没有宽阔的地业，便无法建造更加宽敞的居所。

得进有神宝座的新耶路撒冷的人，因其温柔的品行达到完美极致，便可获得广阔的地土，其上得以建造宏伟壮观，极其荣美的永居之所。

神因着慈爱，给他们建造荣美富丽的华居，还配备精美修饰

温柔的人有福了，因为他们必承受地土

的庭院，乃至湖泊、溪谷、园地、泳池、运动场、舞会厅等各种设施，可以邀请经自己传道归主的人和曾经心怀挂念，培植灵命的人们，尽情分享筵席的快乐，永享爱与被爱的幸福。

如今神依然殷切寻找温柔的人，是要拣选他们赋予使命，使他们怀揣众多灵魂引入真理，得以在永恒的天国承受广阔的地土。望各位读者殷勤作成成圣的功夫，打造清洁的内心、温柔的品性，在父神的国度里承受广阔的地土为永恒的基业。

第四种福分

饥渴慕义的人有福了
因为他们必得饱足

马太福音5章6节
饥渴慕义的人有福了, 因为他们必得饱足。

我国有句俗话叫"受饿三日,无不梁上君子",表示饥饿是件难忍之苦。面对饥饿,一代名将项羽不也曾束手无策!

偶尔饿上一两顿也是很苦的事,何况无食可以充饥的境况一天、两天、三天一直持续下去,想象一下,这会是何等的苦楚。

起初有饿的感觉,时间长了会出现腹痛,出冷汗,浑身疼痛,以至身体的机能逐渐衰竭。此时人对求食的欲望会达到极点,甚而会丧命。

如今这个时候,地球村依然有许多饥荒和战争罹难者,他们饿到极点甚至采摘有毒植物充饥。还有很多在垃圾堆里寻找食物以求活命的人。

然而比饥饿更令人难以忍受的是干渴。人体70%由水构成。只要体内的水分缺失2%,人就感到极度燥渴,缺失4%,身体就会变得虚弱,甚至会休克,缺失10%则会进入死亡状态。

水是人体不可或缺的生命元素,因此人类对水的需求是极为迫切的。在骄阳似火一望无垠的沙漠中徒步旅行的人,若是在浑身燥热干渴难耐时,出现海市蜃楼,就会循着那幻影,寻求绿洲水源,最终在沙漠中迷失丧命。

所以饥渴是人所难以承受的一种痛苦,甚者会夺走人的性命。然而神说"饥渴慕义的人有福了",原因是什么呢?

饥渴慕义的人有福了,因为他们必得饱足

饥渴慕义的人

"义"的定意为"本指公正、合理而应当做的"（中）；"人当守的正道"（韩）。人们常说做人要"讲义气"、不可"背信弃义"。环顾我们周遭，常有这样的人群，为了朋友之间的"哥们儿义气"出生入死，或以自己的信念为正义，抵御社会不正之风。

然而，神指的"义"是指遵从神的旨意；遵行神真理善道；是指我们直到彻底恢复神的形像，亦即直到全然成圣所要经历的一切过程。

正如诗篇1篇1节-2节所说的，饥渴慕义的人"惟喜爱耶和华的律法，昼夜思想"。因为神的话语中包含着"何为神的旨意，何为真正的义行"等一切问题的解答。

他们就像诗篇的记录者所告白的那样，喜爱神的训诲，昼夜思想，以为灵粮。他们认识神的道不只在知识层面上，而竭力将所听的道运用在实际生活中。

"我因盼望你的救恩和你公义的话，
眼睛失明。"（诗篇119篇123节）

"我趁天未亮呼求，
我仰望了你的言语；
我趁夜更未换将眼睁开，

为要思想你的话语。"（诗篇 119篇147节-148节）

实在认识神爱的，无一不切慕神的言语，无一不饥渴慕义。因为他们深明神的独生爱子为我们罪人承受十字架的苦难和羞辱，代赎我们全罪，恩赐永生。

凡心里相信十架大爱的人，都必遵守神的道。"我拿什么报答主的大爱，我怎样行事才能讨神的喜悦？怎样效忠才能取得让神满意的成果？"他们犹如渴鹿爱慕溪水，竭力寻求神所喜悦的真义。

因而他们听了道就立刻顺从，竭力弃罪，活出真理。

饥渴慕义之人的表现

我曾经历神的大能，所患的现代医学束手无策的许多疾病得到痊愈。自从遇见了神，获得了新生，对神的道特别渴慕，凡复兴盛会召开的地方都有我的身影，迫切寻求多听一些道，多一份领悟。为了更加亲近神，经历神，我迫切地寻求又寻求。

"爱我的，我也爱他；
恳切寻求我的，必寻得见。"（箴言8章17节）

通过听道我明白了神的旨意，并努力谨守遵行，包括"全守圣

饥渴慕义的人有福了，因为他们必得饱足

主日"、"全献十分之一"、"不能空手朝见神"（出埃及记23章15节）等等。我因感谢神拯救我注定灭亡的罪身，医治我无望康复那病体的恩典与慈爱，如饥似渴地寻求神的道并谨守遵行。

从此我正式步入遵行神义的阶段，醒悟发现自己心里潜藏着怨恨这个罪性。——"我是谁，竟敢恨人，究竟凭什么资格？"

七年的病榻生涯中所遭受的心灵创伤，令我对那些伤害我的人所怀的怨恨积淀成垢，但我自从感悟到耶稣为我被钉十架，流尽血和水的大爱之后，迫切地祈求祷告神帮助我离弃。

"你求告我，我就应允你，

并将你所不知道、又大又难的事指示你。"

（耶利米书33章3节）

我一边祷告，一边思考别人的立场，心里顿悟——"在他的立场上，有那种举动是很自然的？"

一想到周围的人看着毫无康复希望的我，曾经多么心疼和绝望，心里的怨恨瞬间就无影无踪，无论何人都能从内心里爱他。

我还殷勤读经，照着经上"当行、当戒、当守、当弃"的吩咐谨守遵行。该离弃的罪性一条一条记在本子上，时常禁食祷告竭力离弃，当确信自己离弃了其中一项时，就用红线涂抹。最终本子上的罪性皆被涂抹，历时三年。

约翰一书3章9节说："凡从神生的，就不犯罪，因神的道（原文作"种")存在他心里，他也不能犯罪，因为他是由神生的。"这段经文表明：唯独饥渴慕义，顺从神道，活出真理，才是属神之人的凭证。

当吃"人子的肉"同饮"人子的血"

那么对处于饥渴之中的人来说最需要的是什么呢？当然是充饥的食物和解渴的水，它们的价值远胜极贵的宝石。

在沙漠的圆形帐篷里，有两个宝石商走了进来。他们开始隐然炫耀自己的宝石。在旁边观看的阿拉伯牧民便对他们讲起自己的经历。

他曾经也是个宝石迷。有一天他在沙漠腹地遭遇了风沙，好几天都没吃东西，又饥又渴，精疲力竭。他拖着疲乏的身体在迷途中徘徊的时候，发现了一个布囊，解开一看，里面居然装满了他平时求之不得的晶莹璀璨的珍珠。

发现了自己梦寐以求的一囊珍珠，这个牧民会不会是欣喜若狂呢？没有。他反而大失所望。因为当时所急需的不是珍珠，而是能够给他充饥的饼和解渴的水。人若饥渴而亡，那些贵重的珍珠还有何用呢？

这在灵里也相仿。约翰福音6章55节里，耶稣说："我的肉真是可吃的，我的血真是可喝的。"又说："我实实在在地告诉你们：你们若不吃人子的肉，不喝人子的血，就没有生命在你们里面。"（约翰福音6章53节）表示：耶稣的肉和耶稣的血是维系我们灵魂之生命所必需的；唯独食饮耶稣的肉和血，我们才能获得属灵的生命，得享饱足的福分。

这里"人子"亦即耶稣的肉，是指神的道，"吃人子的肉"也就是意味着以神在《圣经》66卷书中的言语为灵粮。"喝耶稣的血"的灵意即照着所读、所听、所领悟的道，凭着信心祷告，并谨守遵行。

饥渴慕义之人的成长历程

约翰一书第2章具体向我们揭示神的儿女靠吃人子的肉，喝人子的血来维持属灵的生命，信心得以增长的过程。

"小子们哪，我写信给你们，
因为你们的罪藉着主名得了赦免。
……小子们哪，我曾写信给你们，因为你们认识父。
父老啊，我曾写信给你们，
因为你们认识那从起初原有的。
少年人哪，我曾写信给你们，
因为你们刚强，神的道常存在你们心里，
你们也胜了那恶者。"
（约翰一书2章12节-14节）

一个不认识神的人因接待耶稣基督而罪得赦免，领受圣灵，获得作神儿女的资格，便如初生的婴孩。

就像初生婴孩经过吃奶阶段到了幼儿期，能够辨认妈妈和爸爸一样，这一信仰阶段的人渐渐领会神的旨意，但还不能全守神的道。好比孩子虽然爱妈妈和爸爸，但却因思维尚不成熟而无法了解父母深层的心意。

然而经过了"小子"（小孩子）般的信仰水准，靠神的道和祈求造就自己，能够分清何为罪、何为神喜悦的旨意，便是步入了少年期。少年人血气方刚，固执己见，易犯过失，但有凡事必成的自信和壮志以及实现目标的魄力和干劲。

少年人的信仰水准体现在对神的爱并且信心坚固，不迷恋世界上虚空无益的事，而常被圣灵充满，一心指望天国，对神的道听有所悟，悟有所行，克服罪恶，得胜有余。面对试探患难，他们也依然不为所动，刚强壮胆，因有神的道常存在心里，常能胜过凶恶的仇敌魔鬼和世界。

经过具有强烈主见的少年期而进入壮年期，成为阅历丰富的成年人，就能懂得兼顾前后，均衡左右，通情达理，并具备俯首谦让的智慧。常言道："不当家不知柴米贵，不养儿不知父母心。"唯独达到父老的信心水准，人才能认识神元本的奥秘，并能进入深明通悟神心怀意旨的高深信仰境界。

在"父老"的信心阶段里，人可以深明神元本的属性，以及包括天地创造在内的深邃灵界的奥秘。处在"父老"的信仰水准的人，通达神的心怀和意旨，故能体贴神的心意，做出完全的顺从，常蒙神的慈爱和赐福，一生一世满得健康名誉权势家和人旺等地上一切的美福。

灵里饱足的祝福

我们重生而成为神的儿女，殷勤吃喝灵粮神道，属灵的生命就会不断长进，渐渐深入属灵的境界。越往灵里进深，制伏并治理仇敌魔鬼、撒但的能力相应越提高，越深入属灵的境界，越能参透父神深奥的心意。

到了这种与神深交的地步，就可以得到圣灵随时的引导，得享亨通的人生。总之，得到圣灵的感动、感化和充满，生命中常享与神相交的福分，这就是神所赐于饥渴慕义之人的祝福。

正如马太福音5章6节所说：“饥渴慕义的人有福了，因为他们必得饱足。”凡得到灵里饱足之福分的人，就不再遭受试探和患难。

前程有障碍拦阻，圣灵就会引导他避绕而行；现实中遇到难处，圣灵会晓谕他脱离难处的方法。这样的人必蒙灵魂兴盛，凡事兴盛，身体健壮的祝福，他们的道路亨通，美好的见证不绝于口。

总之，顺从圣灵之引导的人，常获属天的能力，及时醒悟并容易离弃自己的罪与恶，能快速达到成圣的地步。在自洁成圣的过程中，那些潜藏于内心深处的，或细微的罪过是不易察觉得到的。但一旦得到圣灵的光照，就可以获得十分清晰的启悟，得知自己应该归正和完善的部分，得以突破进入更深的信仰境界。

另外我们常常碰到这种情况：在不同的境遇和遭际中为人处事，每时每刻都想更加讨神的喜悦，有时却不知如何是好。但只要借助圣灵的善工，我们就可以悟透神的心意，明白何为神更为喜悦的事，并照着遵行。这样就可获得灵魂日益兴盛的果效。

"我的肉真是可吃的，我的血真是可喝的"理由

有一位圣徒身负数以亿计（韩币）的债务，在极大的重负和挫败感中萎靡不振的时候，突然有一天，产生了"专心仰赖神，寻求主帮助"的念头。他以拽住一根救命稻草般迫切的心情开始向神恳求，并如饥似渴地聆听神的道。

利用上下班时间聆听讲道磁带，坚持每天奉读《圣经》一章以上，背一节经文。于是神的话语时时刻刻浮现在他的脑海，使他能够遵行有据。

虽然祝福的大门并未立刻向他敞开，但他持之以恒地迫切寻求神的旨意，火热地祷告。他的信心日臻增长，灵魂日趋兴盛，随之事业上开始临到神的祝福。没过多久，数亿的巨债得以全部还清，十分之一也日渐加增，神的祝福接连不断。

凡这样饥渴慕义的人，必像饥渴的人寻求饮食一样，切慕成义，力行义道。其结局就是蒙神赐福，身体健壮，资财丰盛；常蒙

饥渴慕义的人有福了，因为他们必得饱足

圣灵的感动、感化、充满，与神交通，尽情为主效力，兴旺神的国度。

"一天当中有多少时间数算神恩，奉读圣经，思想善道？"

"为了活出神的道，付出多少祷告和行义的努力？"

愿各位读者以此为鉴反躬自省，作一个饥渴慕义的人，直到主来那日，常蒙神的赐福，灵里得以饱足。

从而能够与神进行深层交通，在地凡事亨通，尽都顺利，在天得享极高的地位和尊荣。

第五种福分

怜恤人的人有福了，
因为他们必蒙怜恤

马太福音5章7节
怜恤人的人有福了，因为他们必蒙怜恤。

小说《悲惨世界》的主人公冉•阿让因偷了一片面包而坐了十九年的牢。获释后从收留他过夜的主教家里偷取银烛，在潜逃的途中再次被捕。

主教为被捉拿的冉•阿让作证，说这根银烛是他相赠的，并追问冉•阿让走的时候为何落下烛台，平息了警官的疑惑，使冉•阿让摆脱了再次入狱的危机。

这一经历让冉•阿让学会了仁爱与宽恕的美德，他重新做人，再创新生。后来他对终生与他势不两立的沙威警长网开一面，使他免遭枪毙。因为冉阿让懂得了"世界上最宽阔的是海洋，比海洋更宽阔的是天空，比天空更宽阔的是容人之胸怀。"

怜恤人的心怀

当人以怜恤为怀宽恕别人时，会使对方受到触动、感化和更新。那么，"怜恤"的蕴义是什么呢？

是指对犯罪的人，或对加害于自己的人，能够从内心里饶恕他，并为他祷告，用爱心加以劝勉的心怀。论蕴义，怜恤之怀与加拉太书第5章里的圣灵的九种果子之一的良善是相似的，但论境界，怜恤比良善更深。

良善是指毫无邪恶，一心为善的心怀。耶稣不争竞，不喧嚷的品性便是经典例证。

怜恤人的人有福了，因为他们必蒙怜恤

"他不争竞，不喧嚷，

街上也没有人听见他的声音。

压伤的芦苇，他不折断；

将残的灯火，他不吹灭。

等他施行公理，叫公理得胜，"（马太福音12章19节-20节）

"压伤的芦苇，他不折断"是指不因对方行恶便立刻惩治，而是想方设法领人得救，恒久忍耐，期盼到底的心怀。例如：耶稣虽然预知加略人犹大将来要卖祂，但耶稣爱他爱到底，极力点醒和劝化他。

"将残的灯火，他不吹灭"是指领受圣灵的神的儿女即使没有凡事按真理遵行也不立即弃绝他。即使是信心不坚固而屡次犯罪的人，也恒久期盼，并祈求他能够尽快领受圣灵的开悟，在真理里面得到造就和更新。

总之，怜恤的情怀就是体现在以主的心肠去理解和宽恕那无缘无故对己行恶的人，并将他引入正道。我们不能只站在主观立场上思考，总要站在客观立场上去考虑，方能体现出理解、宽容并怜恤的美德。

耶稣宽恕行淫之妇女

约翰福音第8章记载这样一个场面：文士和法利赛人将一个

行淫时被拿的妇人带到耶稣面前，试探耶稣说：

"摩西在律法上吩咐我们，把这样的妇人用石头打死。你说该把她怎么样呢？"

此时此刻妇人的心情会如何，可想而知，罪行已被公之于众的妇人因极度的惭愧和死亡的恐惧而战战兢兢。

满心恶意的文士和法利赛人根本不把这妇女的生命放在眼里，反而因得着抓住耶稣把柄的机会而沾沾自喜，得意扬扬。围观的群众中，有的可能已经手握石头，等着按律法处置这个女人。

耶稣怎样应对这一境况呢？面对他们的追问，耶稣却一言不答，突然弯着腰，用指头在地上画字。祂将聚在那里的众人普遍的罪逐一写下去，然后又直起腰来巡视众人说："你们中间谁是没有罪的，谁就可以先拿石头打她。"

众犹太人想起自己的过犯，惭愧之余一个一个地走开，最后只剩耶稣和那妇人。耶稣就对她说："我也不定你的罪。去吧！从此不要再犯罪了。"行淫的妇人得到了宽恕，这就成为她平生难忘的经历。从此这位妇人一定是活出崭新的生命而不再犯罪了。

怜恤的心怀会按不同的境况以不同的形态体现出来，分为宽恕的怜恤、管教的怜恤、施舍的怜恤。

宽恕的怜恤无限的慈怀

接待耶稣为救主的人，即已蒙神极大的怜恤。若没有神的怜恤，我们注定因罪而坠入地狱，永世受苦。然而神施予我们怜恤，使我们因信被钉十架流血舍命为人类赎罪的耶稣基督而白白领受所赐的恩典，罪得赦免，获得救恩。

父神现今仍以焦心切盼离家出走的儿女早日归回的父母心肠，迫切等候无数的灵魂归回救恩之路。

即使是一个悖逆神恩，伤透神心的人，只要他诚心实意痛悔认罪重归于神，神就不会责备他说："你为何伤我的心？怎么可以犯那么多罪？"反而以祂丰富的慈爱去拥抱他。

并且赦免他的全罪，不再记念，正如经上所记："你们来，我们彼此辩论。你们的罪虽像朱红，必变成雪白；虽红如丹颜，必白如羊毛。"（以赛亚书1章18节）"东离西有多远，他叫我们的过犯离我们也有多远。"（诗篇103篇12节）

"这人以前犯过严重错误"——我们既已蒙神的怜恤，就不应该这样对曾经犯过错误，后来悔改归正的人持有成见，耿耿于怀，念念不忘，感到厌恶甚至排斥，倒是应该宽容，加勉和激励。

仆人被免一千万银子的债务的比喻

有一天彼得就饶恕的问题请教耶稣说："主啊，我弟兄得罪我，我当饶恕他几次呢？到七次可以吗？"

彼得之所以这么问是因为他觉得人能做到七次的饶恕，这已经是宽容至极了。

耶稣回答说："不是到七次，乃是到七十个七次。"（马太福音18章22节）这并不说饶恕人要到四百九十次。"七"是代表完全的数目，故"七十个七次"包含着彻底的饶恕、无限的饶恕之意。耶稣接着说了一个比喻，诠释宽恕之怜恤的真谛。

讲的是一个王有很多仆人，其中有一个仆人欠他一千万银子，无力偿还。"一千万银子"原文是一万他连得，当时一他连得可兑换六千得拿利。工人一天的工资于当时约为一得拿利，一他连得便相当于一个劳动者6000日，亦即16年的工价。

按如今劳动者一天的工价约为五万元（韩币；下同）换算，那么一他连得相当于三亿巨款，一万他连得便等同于天文数字三兆的额度了。身为一个奴仆怎么去偿还这么大的债务！

当王吩咐他把他妻子和儿女，并一切所有的都卖了偿还。那仆人就俯伏拜他，央求道："主啊，宽容我，将来我都要还清。"于是王就动了慈心，把他释放了，并且免了他全部债务。

那仆人出来，遇见他的一个同伴欠他十两银子。"十两银子"原文是一百得拿利。得拿利是罗马的货币单位，相当于当时工人一天的工价。如前所提，按如今劳动者一天的工价约为五万元计算，一百得拿利不过是五百万元的数额，与一万他连得相比简直不值一提。

然而这被免一万他连得的仆人面色陡变，就揪住那欠他一百得拿利的同伴，掐住他的喉咙，说："你把所欠的还我！"而且冷酷无情地拒绝同伴宽限的央求，竟去把他下在监里。

怜恤人的人有福了，因为他们必蒙怜恤

王得知此事勃然大怒，斥责他说："你这恶奴才！你央求我，我就把你所欠的都免了。你不应当怜恤你的同伴，像我怜恤你吗？"就把他交给掌刑的，等他还清了所欠的债。

我们在信仰上也是如此。因罪注定灭亡的我们，因着耶稣基督的大爱，白白得蒙赦罪的恩典。然而我们若不肯饶恕别人一点过错，反而加以论断并定罪，这是何等大的恶！

当具备饶恕人的宽宏心怀

对有损我们利益的人，我们也不要恨恶或排斥，反要予以理解和宽恕，方能造就可容众人依偎安歇的宽宏心怀。

心存怜恤的人不会对人怀恨或抱有负面情绪。别人在神面前行了不合理的事，他们也不会轻易加以谴责，而先用爱心劝导和勉励。

对行恶的人进行规劝的时候，我们不能依照自己的价值观和判断标准，抱着愤懑情绪加以指斥，这绝不是出于爱心。我们规劝人若不本着爱心，就不会有圣灵的同工，因而无论怎样引用真理之言也无法改变对方的心意。

在上的若是有负于下面的人，下面的人也应当以谦卑的心去顺服在上的，并用爱心为他祷告，因为经上说："你们作仆人的，凡事要存敬畏的心顺服主人，不但顺服那善良温和的，就是那乖僻的也要顺服。"（彼得前书2章18节）

位高在上的，当下面的人得罪自己的时候，不能一味地责备或因怕打破和睦而置之不管，应当用神的道予以教导和指正。这才是心存怜恤之人应有的表现。用爱心和怜恤的心关照下面的人，并用圣言善道指引他成善，这样既可以使下面的人信仰根基稳固，自己又尽了在上的应尽的指导、管理的职责，自然心里踏实，倍感欣慰。

无论遇到任何状况，我们都当设身处地理解他人，并以怜恤为怀爱心为本，为其祷告并劝化和勉励。人的爱心达到这般境界，必要时还会施以管教，使人的灵魂归入真理。

凝聚爱心的管教的怜恤

除了宽恕的怜恤，还有与之相反的管教的怜恤，即怜恤有时还会以管教的形态呈现。管教的怜恤也不是出于憎恨或定罪的心态，乃是根源于爱心。

> "'因为主所爱的，他必管教，
> 又鞭打凡所收纳的儿子。'
> 你们所忍受的，是神管教你们，
> 待你们如同待儿子。
> 焉有儿子不被父亲管教的呢？
> 管教原是众子所共受的，你们若不受管教，就是私子，

怜恤人的人有福了，因为他们必蒙怜恤

不是儿子了。"（希伯来书12章6节-8节）

人受神的管教，是神爱他的见证，是要叫人离罪归正，活出真理。

比方说孩子偷了东西，作父母的一般不会立马采取责打的举措。孩子只要流着泪，诚恳地承认错误，父母便会慈祥地把儿女搂在怀里，并嘱托说："我们可以原谅你，以后千万不要再犯了。"

但儿女若只是嘴上认错，行为上并无改进，反而屡犯旧错，此时作父母的应该怎样处置呢？要对孩子加倍地倾注爱心，并尽心竭力勉励规劝。若是不听，就当忍着心痛用爱心去责打，使其能够得到深刻的醒悟。因为是自己疼爱的儿女，哪怕是采取责打的方式，也要使他回转归正，免得陷入更深的泥潭。

儿女犯罪时的举措

法庭上，有一个窃贼临判刑前，请求法官允许他见见自己的母亲。等他见到母亲，竟将自己作贼的责任归咎于母亲。缘由是小时候他偷东西母亲从来没有责备过他，反而一直纵容包庇。

很多父母把自己对犯错的孩子总是"心慈手软"的原因归结为太爱自己的孩子。然而《圣经》的教训是："不忍用杖打儿子的，是恨恶他，疼爱儿子的，随时管教。"（箴言13章24节）

这里"用杖打儿子"也就是以鞭挞的方式进行管教，是指父母、师傅用鞭子或棍子打臀部以及腿肚子的管教方式。在溺爱孩子的父母眼中,甚至孩子做坏事也会觉得可爱。即肉体的邪情私欲使他们失了判断力而混淆是非,这种现象在我们周围屡见不鲜。

发现了错误的现象,非但不及时予以纠正,反而一味地护庇和纵容,会使孩子在错误的道路上越陷越深。

例如:撒母耳记上第2章里的祭司以利,当他风闻自己的两个儿子何弗尼和非尼哈与会幕门前伺候的妇人苟合的丑闻时,只是开口劝他们说:"我儿啊,不可这样!我听见你们的风声不好……"这两个逆子不屑父劝,继续犯罪,最终悲惨被杀。

祭司以利平时若是对儿子们严格告诫,施以严厉的管教,使他们行事为人与祭司的圣职相称,他们就不至于败坏到这般地步。因未能按照真理正道教导孩子,最终到了这种不可收拾的境地。

不过管教若是缺少了爱则不能算是怜恤的表现。假设邻家孩子偷了你的东西,你会怎样处置?里面有善的人见到孩子以诚恳的态度赔罪,就会隐动慈心予以宽恕,里面没有善的人则会怒由心生失口呵斥,甚至不听告饶,定要严惩。

即使不加处罚,也会秉持先入为主的成见,念念不忘,逢人便揭短扬过,这种现象很普遍。这样的"管教"乃是出自恼恨而非怜恤,靠此无法改变对方。对犯错的人,为其立场和前途着想,用爱心施以教诲,这才是管教的怜恤。

怜恤人的人有福了,因为他们必蒙怜恤

主内的弟兄犯罪时的举措

《圣经》中当主内的弟兄犯罪时，对应当予以真理的规劝并管教的原则与程序做了详细的描述。

"倘若你的弟兄得罪你，

你就去趁着只有他和你在一处的时候，指出他的错来。

他若听你，你便得了你的弟兄；

他若不听，你就另外带一两个人同去，

要凭两三个人的口作见证，句句都可定准。

若是不听他们，就告诉教会；

若是不听教会，就看他像外邦人和税吏一样。"

（马太福音18章15节-17节）

如上所述，看见弟兄犯罪，不可向周围的人揭扬，应先找到当事人，用爱心进行规劝，促其悔改归正。如果对方不听劝，就告诉他所属团契的带领人，劝其回转。

若是不听，就告诉教会，使教会出面处理，使他得到获救的机会。若是连教会也不听，就待他要像不信的世人一样，这就是《圣经》上提示的次序。若有人犯罪，不要恨他，也不要论断和定罪，反要以爱心和怜恤相待，方能蒙神的怜恤。

合神心意的施舍的怜恤

顾恤困境中的人是神的儿女理所应当的作为。看见主内的弟兄生活窘困，单在口头上给予安慰，却没有实际的帮助，便不能算是怜恤人的表现。神所认可的施舍的怜恤是体现在弟兄有困难的时候能够舍出自己的所有与之分享。

雅各书2章15节-16节说："若是弟兄或是姐妹赤身露体，又缺了日用的饮食，你们中间有人对他们说，'平平安安地去吧！愿你们穿得暖吃得饱'，却不给他们身体所需用的，这有什么益处呢？"

有人说："虽有心助人，却因自身穷乏而爱莫能助！"这就是狡辩。生活再窘迫，焉有父母看见儿女饥饿却坐视不理！我们待主内的弟兄也应当爱如子女。

因犯罪所受的管教

我们本着怜恤之心施舍帮补的时候，需要留意的是不要把那些因得罪神而受管教，陷入困境的人当做帮助对象。这会使你自讨苦吃。

约拿书里讲的便是因帮助悖逆神的约拿而遭到困境的人们。约拿是北国以色列王耶罗波安当政时期的一名先知。

有一天神吩咐约拿到敌国的都城尼尼微去宣告神的警告。因为尼尼微已是恶贯满盈，神定意要尽行毁灭。

怜恤人的人有福了，因为他们必蒙怜恤

约拿料想尼尼微城的众民若是听此消息而悔改，必然免遭这一灾祸，因他知道神就是爱，在祂有丰富的怜悯。尼尼微乃为当时以色列的宿敌亚述国的都城，约拿不希望他们获救，便悖逆神的吩咐，上船逃往他施。

然而神使海中狂风大作，船几乎破坏危及人命，船员们掣签得知这一祸因就是约拿。约拿告诉水手们把他抛入海中，风浪必止息，但船员们于心不忍，就把船上的货物全都抛入海中。都是因帮了约拿的缘故，他们蒙受了巨大的损失。

我们当以此为鉴，牢记"帮助受神管教而陷入困境的人必同遭患难"的教训，凡事智慧行事。

除了在神面前犯罪的人以外，还有一种人也当排除于施舍的范围，就是那些身体康健却因懒惰成性不愿劳力而处于窘迫境地的人。还有那些充分具备自食其力的条件，却习惯性地向人讨要援助的人也不例外。

帮助这类人等于助纣为虐，使其思想愈加懒惰、精神更是萎靡。施人怜恤应当做到神的心意上，否则会阻塞我们得蒙祝福的通道。

遇见困难的人，我们不能一味地施舍帮补，而当事先慎思明辨，使我们出于怜恤的施舍能够合神的心意，免得帮了别人，自己反倒受苦遭难。

对世人也当施予怜恤

这里重要的是，我们不但要对主内的肢体顾恤怜悯，对不信的世人也当如此。

大多数人愿意结交权贵名流，对受挫落魄的人则蔑视轻看，羞与为伍。也许有的人看在旧时交情的份上起初给予几次帮助，后来唯恐避之不及。然而，无论对何人，我们都不能排挤或藐视，总要看别人比自己强，以温暖的爱心相待。

有的人顾恤帮助他人是出于对他人的痛苦由衷同情和怜悯，有的则是因在乎别人的看法，顾虑自己的颜面而勉强应付。然而，察看人肺腑心肠的神所认可的怜恤是体现在本着真诚的爱心去帮助他人。这样的人必蒙神赐福。

怜恤人的人所蒙的祝福

那么，顾恤他人的人会得蒙怎样的祝福呢？神赐予他们的祝福就是：蒙神怜恤，正如马太福音5章7节所说："怜恤人的人有福了，因为他们必蒙怜恤。"

我们若常怜恤并饶恕那苦待、伤害我们的人，一旦我们遇到难处或者不经意间伤害了他人时，神就会体恤我们的苦情并赐我们得蒙饶恕的机会。

耶稣教导门徒的主祷文中提到"免我们的债，如同我们免了人

怜恤人的人有福了，因为他们必蒙怜恤

的债"（马太福音6章12节）。我们怜恤别人，就是为我们自己蒙神怜恤创造条件。

初代教会时期有一位女徒名叫大比大（使徒行传9章36节-42节）。当时耶路撒冷教会遭大逼迫，圣徒们四处分散，部分圣徒们定居在约帕这一座港口都市，形成了一个信仰基地。

在罗马统治下毫无自由可言的恶劣环境中，大比大不以性命为念，殷勤传主的福音，热心帮助那些贫苦无依的人们。为此舍身忘我奔波劳碌的大比大突然患病而死。

素来蒙她帮助的人们，差人到使徒彼得那里，求他救活大比大。众人把大比大与她们同在时所作的里衣外衣给彼得看，细细讲述她生前的善行美德。最终大比大通过彼得的祷告经历了死而复活的神迹。就是蒙神的怜恤，得到寿命延长的祝福。

而且当我们顾恤那些穷人病人时，神必赐我们富足、康健。

年轻时我历尽贫苦，饱受医治无望之疾病的煎熬，这令我比谁都了解穷苦人的悲哀。满身的疾病因神的大能得到痊愈，到至今这三十多年的岁月里，我一直过着与疾病绝缘的生活，但对那些贫病交迫、被人遗弃和冷落的人体恤怜悯之心却永远抹之不去。

所以无论教会开拓之前还是教会开拓之后，我都竭尽全力尽我的微薄之力去帮助那些有困难的人们。从未有过"等到生活宽裕了再救济"的念头，无论手头充裕还是拮据，都会倾己所有去扶贫帮困。神喜悦这一作为，赐我丰盛的祝福，使我能够为个人，为世界宣教乃至兴旺神国的圣工尽情地奉献和付出。向众人播撒怜恤的种子，神就使我丰收祝福的果实。

　　我们成为怜恤人的人，神就饶恕我们的过犯，补足我们的欠缺，医治我们的软弱。这就是怜恤人的人蒙神怜恤的祝福。

　　照约翰福音13章34节所说："我赐给你们一条新命令，乃是叫你们彼此相爱；我怎样爱你们，你们也要怎样相爱。"我们当以源于善心的怜恤之馨香，给众人带来安慰与生命，常蒙神的赐福，得享富足的人生。

怜恤人的人有福了，因为他们必蒙怜恤

第六种福分

清心的人有福了
因为他们必得见神

马太福音5章8节
清心的人有福了，因为他们必得见神。

"登上月球我的第一感觉就是亲眼得见神的创造和神的荣耀。"

这是1971年乘坐阿波罗15号登月探险归来的詹姆斯·艾尔文的表白。这是一句感动全世界的经典宣言,他在匈牙利的一所大学演讲时,遭到一个学生的提问:

"苏联的宇航员说宇宙当中没有神,但您为何称在宇宙中看见了神,并且赞美祂的荣耀呢?"

艾尔文的回答言简意赅,一语中的,让人毫无反驳的余地——"清心的人必得见神!"

他在月球上停留18个小时,在那里,他望着神所创造的地球和宇宙朗诵诗篇第8篇。

"耶和华我们的主啊,

你的名在全地何其美!

你将你的荣耀彰显于天。

……我观看你指头所造的天,

并你所陈设的月亮星宿,

……耶和华我们的主啊,

你的名在全地何其美!"

清心的人有福了,因为他们必得见神

在神面前清心的人

清心是指心里清洁，包含着"无贪无欲，品行端正"之意。从《圣经》的角度讲，是指心里圣洁纯全，区别于为显示学识和教养程度的那种单在行为层面上的"圣洁"。

马太福音第15章里，耶稣在加利利地方开展圣工时，文士和法利赛人从耶路撒冷来见祂。

当时文士和法利赛人是给百姓传授律法的先生，他们严格遵守摩西的律法。甚至彻底遵行"古人的遗传"，就是他们代代相传的繁缛教条和律法戒规。

他们因照着律法和"古人的遗传"严格自律，过禁欲的生活，便以虔诚圣洁自居。但他们心里却充满了邪恶。耶稣的教训挫伤了他们养尊处优的心，他们甚至企图杀害耶稣。

这些文士和法利赛人所拘守的古人的遗传中有不洗手吃饭将被视为不洁之人的规定。

他们看见耶稣的门徒没有洗手便吃饭，就借机寻衅，质问耶稣：

"你的门徒为什么犯古人的遗传呢？"

耶稣回答说："入口的不能污秽人，出口的乃能污秽人。"（马太福音15章11节）并指斥他们假冒的圣洁虔诚。

"惟独出口的，是从心里发出来的，

这才污秽人。

因为从心里发出来的，

有恶念、凶杀、奸淫、

苟合、偷盗、妄证、谤渎，

这都是污秽人的。

至于不洗手吃饭，

那却不污秽人。"（马太福音15章18节-20节）

耶稣责备他们为"粉饰的坟墓"（马太福音23章27节）。当时以色列人安葬死人通常使用洞穴，他们用白灰粉饰墓穴入口。

坟墓是安葬尸体的地方，表面上修饰一新，干净整洁，里面却充满了死尸的腐臭。照样，文士和法利赛人貌似圣洁虔诚，心里却是装满了各样的罪恶。由此耶稣把他们比作"粉饰的坟墓"。

神希望我们表里如一：外表怎样善美，内心也怎样善美。神把牧童大卫膏立为王，就是因为看中了大卫的内心，正如祂所言："因为耶和华不像人看人，人是看外貌，耶和华是看内心。"（撒母耳记上16章7节）

我的心灵有多么清洁？

传福音的时候我们有时碰到有人说："我一心向善，平生从未加害于人，我肯定能去天堂。"意思是：因我心善未曾犯罪，不信

清心的人有福了，因为他们必得见神

耶稣基督也能进天国。

然而罗马书3章10节说："没有义人，连一个也没有"，人自以为活出了善良的人生，但只要用神真理的话语对照自己，就会觉察出自己满身都是过犯和罪孽。可总有一些人自称无罪，认为自己从未损害过别人的利益，从未做过违法的事。

例如：心里恨人，但没有加害于人，他们就以为无罪。然而神说人心怀恶念就已经有罪了。

经上说："凡恨他弟兄的，就是杀人的。你们晓得凡杀人的，没有永生存在他里面。"（约翰一书3章15节）又说："只是我告诉你们：凡看见妇女就动淫念的，这人心里已经与她犯奸淫了。"（马太福音5章28节）

人即使行为上没有显出罪来，但若心里藏着仇恨、淫欲、贪婪、骄傲、虚假、嫉妒、恼怒等罪性，就无法称之为清心的人。清心的人心志坚定，在真道上不偏左右，不会心怀二意，不恋慕虚妄的事。

清心的路得

外邦女子路得年轻丧夫守寡，膝下无子，但她甘愿随婆婆同甘共苦。婆婆劝她回娘家，但她不愿意留下婆婆一人孤苦无望地寂寞度日。

"不要催我回去不跟随你。

你往哪里去，我也往那里去；

……你的神就是我的神。

你在哪里死，我也在那里死，也葬在那里。

除非死能使你我相离，

不然，愿耶和华重重地降罚与我。"（路得记1章16节-17节）

这一告白中包含着路得"奉养婆婆直到命终"的坚定意志和无私的爱。她明知到了婆婆的故土以色列这个人地生疏的地方，等待她们的是居无定所，衣食无靠的穷苦日子。

但路得没有思前想后，计较得失，而是心甘情愿奉养孤苦无助的婆婆。对自己的选择，路得从未后悔，尽心尽意服侍婆婆。

路得心里清洁，甘心舍己服侍年迈的婆婆，心坚志固，始终如一。结果照以色列的传统规定，路得与善良的大财主波阿斯结亲，建立了幸福家庭，后来成为大卫王的曾祖母，得以在耶稣的谱系上有份。

清心的人所蒙的祝福

那么，清心的人会蒙怎样的祝福呢？马太福音5章8节说："清心的人有福了，因为他们必得见神。"

与心爱的人在一起，无论何时何地都快乐无比。何况亲眼得

清心的人有福了，因为他们必得见神

见我们灵里的父而且能够投进甚爱我们的神的怀中，这种幸福的滋味用什么来形容呢？

有人质疑"人怎能得见神"？士师记13章22节里，参孙的父亲玛挪亚见到耶和华的使者说："我们必要死，因为看见了神。"约翰福音1章18节说："从来没有人看见神。"《圣经》处处告诫人不能看见神，甚至说看见神就会死。

出埃及记33章11节记载："耶和华与摩西面对面说话，好像人与朋友说话一般。"出离埃及的以色列民到了西奈山下安营，神在众百姓眼前降临，那时他们因害怕发颤，无人敢靠近，独有摩西看见了神（出埃及记20章18节-19节）。

另外，创世记5章21节-24节记载以诺与神同行。

"以诺活到六十五岁，生了玛土撒拉。

以诺生玛土撒拉之后，与神同行三百年，

并且生儿养女。

以诺共活了三百六十五岁。

以诺与神同行，

神将他取去，他就不在世了。"

与神同行并非指神亲临地上与以诺一起漫步，亲密交谈，而是指以诺时常与神交通，生命中蒙神亲自的带领和随时的指引。

这里我们应该认清"同行"和"同在"这两者之间的区别。

"神同在"是指神差遣天使来保守。当我们努力活出神的道时，神就会与我们"同在"，而当我们彻底脱去一切罪，成为圣洁时，神就与我们"同行"。以诺与神同行三百年，他蒙神爱的程度可想而知。

得见神的祝福

那么，为何有人说不能看见神，有人却得以与神面对面说话，甚至还能与神的同行。

正如约翰三书1章11节所说："亲爱的兄弟啊，不要效法恶，只要效法善。行善的属乎神，行恶的未曾见过神。"清心的人能够得见神，心被罪恶沾染的人则无法得见神。

典型的例子可数初代教会在传福音时为主殉道的司提反执事。据使徒行传第7章的记载，司提反执事传耶稣基督的福音时遭众人乱石击打，却为害自己的众人代求："主啊，不要将这罪归于他们！"这是他心里清洁豪无罪恶的明证。正因为他活出了这般信仰境界，便能够看见神的荣耀，又看见耶稣站在神的右边。

凡这样能够得见神的人，因他们心里清洁，便能进入第三层天国以上的荣美居所，在那里可以近处得见心爱的恩主和父神的面，永远同享幸福欢乐。

然而进入乐园或第一层天国、第二层天国的人们则不能实现近处见主的愿望。因为按人圣洁的程度，各人所散发出来的属灵之

清心的人有福了，因为他们必得见神

光以及所拥有的居所呈现差异。

打造清心的方法

圣洁完全的神不愿自己的儿女们仅在行为上显出圣洁虔诚，而希望除净心里的罪恶，打造一颗清洁的心灵。于是神吩咐说："你们要圣洁，因为我是圣洁的。"（彼得前书1章16节）；"神的旨意就是要你们成为圣洁。"（帖撒罗尼迦前书4章3节）。

那么，为了成就清洁的心灵归神为圣，我们当怎样行呢？

当离弃各样的恶事，与罪相争要抵挡到流血的地步（希伯来书12章4节）。易恼怒、起纷争的人当离弃怒气成为温柔的人；骄傲的人要变得谦卑；怨恨人的要成就爱心，活出爱仇敌的境界。

当我们离弃心中的罪恶，学习神的道，并且谨守遵行，将真理填充于心的时候，我们的心会越来越变得清洁。听了神的道，却不去遵行，对我们毫无助益，好比一个人衣物上沾了污物，知道"真脏，该洗"，只在心里想却不动手。

我们藉着神的道发现自己心里的污秽，就应当自觉地努力将其除净。当然，清洁的心灵不是靠人自身的力量和意志所能成就的。使徒保罗的告白证明这一点：

"因为按着我里面的意思（原文作"人"），我是喜欢神的律；
但我觉得肢体中另有个律和我心中的律交战，

把我掳去叫我附从那肢体中犯罪的律。

我真是苦啊!

谁能救我脱离这取死的身体呢？”（罗马书7章22节-24节）

"里面的人"（以原文为准）是指神所赋予的元始的心，亦即真理的心，喜爱神的律法，寻求神、向往神。但人的里面还有与之相违的非真理的心，即附从罪欲的意愿，这两者在心中交战，人单靠自身的力量是无法离弃罪恶的。

以因戒不掉烟酒而苦恼的人为例，他们明知烟酒对人有害无益却仍难以割舍。虽然也曾下定决心戒烟，但没过几天就打退堂鼓。

明知有害却戒不掉，是因为心里迷恋它的缘故。但只要领受神从上头赐下的能力，烟瘾酒瘾就可以一次了断。

人心里的罪恶也是如此，提摩太前书4章5节说："都因神的道和人的祈求成为圣洁了。"只要藉着神的道悟出真理，凭着火热的祷告领受神的恩典与能力以及圣灵的帮助，就可以彻底根除。

为此必须要有遵行神道的意志和努力。行神的道，不可半途而废，直到心意得到更新，须恒切不住地祷告，必要时还要做禁食祷告。只要坚持不懈，终必除净全罪，打造清洁的心灵。

清心的人有福了，因为他们必得见神

打造清洁的心灵必蒙神的应允和赐福

清心的人所蒙的福分是"得见神"，但这"得见神"并不单纯指见到神的形像，而是指包括祷告蒙允成全心愿，经历神迹在内的一切信仰体验。

耶利米书29章12节-13节说："你们要呼求我，祷告我，我就应允你们。你们寻求我，若专心寻求我，就必寻见。"当我们通过迫切的呼求祷告，蒙神的应允，生命中自然就充满蒙福的见证。

不过有些初信者虽然暂时还不能活在真理里面，神也会成全他们心中所求。他们虽然尚未完美打造清洁的心灵，但神会按照他们的灵性水准，使他们能相应体验神。

这就如父母看到孩子的行为特别可爱，或做了值得夸奖的事，会乐意满足他们的心愿一样。一个初信者即使尚未成就清洁的心，他所怀各样的心愿，神也会照他信心的阶段，按他得父神喜悦的努力程度给予成全。

我满身的疾病因遇见神而一次得到痊愈。身体康复后我开始找工作。当时无论工资待遇怎样优厚，只要有碍于全守主日，有损于属灵生命的成长，我就一概不予考虑。尽心竭力在神面前存着清洁的心，行走正直的道路。

神喜悦我这般心志，引导我经营一家规模不大的书屋。由于生意红火，想要扩大规模时，巧遇一个合适的地方。当我前去洽谈时，不料那商铺的主人坚决不肯租给我们，因为我们的店抢了他们的生意，使他们受了亏损。我虽感到惋惜但不得不放弃。当我站在对方的立场去考虑时，反而觉得有些亏欠，便由衷地为他祷告祝福。

后来才知道这是神的美意，原来当时看中的那个商铺对面，有一家大型书店即将开业，以我们的规模，显然不是他们的对手。原来预知未来的神，保守我们免受一次大的损失，正如经上说："万事都互相效力，叫爱神的人得益处"。

后来新的店铺开张，我一概拒绝接待不良学生，店里禁止喝酒吸烟。为了全守主日，礼拜天闭门歇业，尽管星期日顾客最多。按人的想法，这样一来生意肯定做不成，但却恰恰相反——顾客日渐增多，盈利越发增长，明显是神赐福的结果，无人可以否定。

除此之外，我们在信仰生活中领受了方言等各种圣灵的恩赐，体验了神的永能，这些也是得见神之祝福的一部分。

> "又有一人蒙这位圣灵赐他信心，
> 还有一人蒙这位圣灵赐他医病的恩赐，
> 又叫一人能行异能，又叫一人能作先知，
> 又叫一人能辨别诸灵，又叫一人能说方言，
> 又叫一人能翻方言。
> 这一切都是这位圣灵所运行，
> 随己意分给各人的。"（哥林多前书12章9节-11节）

清心的人有福了，因为他们必得见神

在此我们应当切记：一个诚然爱神的人不会满足于小孩子般的信心水准。我们应当尽心竭力脱去心里的恶，尽快成圣，成为满有基督长成的身量、深明父神心意的神真正的儿女。

哥林多后书7章1节说："亲爱的弟兄啊，我们既有这等应许，就当洁净自己，除去身体、灵魂一切的污秽，敬畏神，得以成圣。"故我们应当脱去心里一切的污秽，全然成圣，在神面前无可指摘。

这样，我们必像一棵树栽在溪水旁，按时候结果子，叶子也不枯干，凡所求的都蒙应允，凡所做的尽都顺利、亨通，并且在天上也能尽享亲眼得见神的荣耀。

第七种福分

使人和睦的人有福了
因为他们必称为神的儿子

马太福音5章9节
使人和睦的人有福了,因为他们必称为神的儿子。

为了本国利益而发生争执，甚至彼此动武——这是领土接壤的国家之间普遍存在的现象。然而在世界各国中唯有南美洲的阿根廷和智利虽然相互毗连却长久保持和平关系。

很久以前，两国曾经因相互之间的领土争端面临彼此交战的危机。当时两国宗教领袖们向民众迫切呼吁："爱是维持两国和平的唯一道路。"民众响应他们的呼声，选择了和平的道路，并在两国边境上刻写了"因他使我们和睦，将两下合而为一"（以弗所书2章14节）这一经文。

"和睦"的词义是"相处融洽友好"。神指的"和睦"是属灵意义上的和睦，体现在舍己服侍别人；虚己抬高别人，待人从不失礼；虽然自己正确，但在不违背真理的前提下可以谦让别人。

"和睦"就是有益于众人，不张扬自己；遇事先为他人着想，处处体贴别人心意；不抱偏见，在真理里面兼顾各方。因此要想成为一个使人和睦的人，必须敢于牺牲自我。总而言之，属灵意义上的和睦体现在甘于自我牺牲，肯为别人舍命。

牺牲自己使神人和好的耶稣

神造首先的人亚当，赐他权柄管理天下万物。然而亚当因偷吃神所严禁的善恶树果，罪就进入他的里面，从此亚当和其后裔都沦为罪人，于是神人之间形成了一堵罪墙彼此隔断。人类就是因罪的缘故与神结下仇怨，正如经上所说："你们从前与神隔绝，因

使人和睦的人有福了，因为他们必称为神的儿子

着恶行，心里与他为敌。"（歌罗西书1章21节）

神子耶稣为了救赎因着亚当的犯罪而沦丧的全人类，甘心把自己献作挽回祭，被钉十字架舍命，拆毁了神人之间的罪墙，成为神人和好的中保。

也许有人质疑："犯罪的是亚当一人，为何全人类一同沦为罪人？"在过去奴隶制时代，人一旦沦为奴隶，奴隶身份终身不变，而且子孙后代也照样被奴隶的轭挟制。

正如罗马书6章16节所说："岂不晓得你们献上自己作奴仆，顺从谁，就作谁的奴仆吗？或作罪的奴仆，以至于死；或作顺命的奴仆，以至成义。"因亚当顺服魔鬼犯了罪，众人都沦为罪人。

耶稣就是为了使因罪与神分离的人类与神和好，自己虽然无罪，却甘心背负人类的罪，在十字架上舍命。对此经上提到："既然藉着他在十字架上所流的血成就了和平，便藉着他叫万有，无论是地上的、天上的，都与自己和好了。"（歌罗西书1章20节）耶稣把自己献作挽回祭，为我们赎罪，使我们得以与神和睦。

我是否使人和睦？

就像耶稣披戴肉身，降在地上，作成了和睦的工作一样，神希望我们也能与众人和睦相处。当然，信神并领会真理的人，是不会故意去打破和睦的。但我们只要有一些自以为是的自义残留，难免在不经意间造成不睦的结果。

有一个容易分辨的方法，那就是：与别人相处的时候是愿意照顾谦让别人，还是希望别人迁就自己。比如有这样一对夫妻，妻子习惯吃口味清淡的食物，丈夫则口味偏重。

妻子多次劝丈夫饮食清淡利于健康，但丈夫依旧如故，妻子总觉得不可理解。其实在丈夫的立场上，由于这种口味是长期养成的习惯，想立刻改掉并非易事。妻子若继续坚持自己的观点，逼着丈夫要改掉那种习惯，这样一来夫妻之间发生矛盾和纷争是在所难免的。若想和睦，应当力求使对方获得充分的理解，并予以关照的同时帮其逐步改善。

在我们周围，因着自以为是的"自义"，因为一些微不足道的琐事打破和睦的例子十分常见。故我们应当查验自己是否利己为先而忽略了对别人的关照；是否以自己的观点是真理为由，明知对方不情愿，也要强加于对方。而且还要查验是否因自己是长辈，是领导，就认为下面的人应该对自己唯命是从。

这会使我们认清自己与人和睦的程度。与善待自己的人和睦相处是比较容易的，然而神吩咐我们要与所有的人保持和睦。

"你们要追求与众人和睦，并要追求圣洁，
非圣洁没有人能见主。"（希伯来书12章14节）

就是说不管是讨厌你的人、恨恶你的人，还是伤害你的人，不拘何人都要与他保持和睦。当别人因你觉得不快或感到压力，就当

使人和睦的人有福了，因为他们必称为神的儿子

醒悟自己自认为合理的作法在神面前不得认可。那么，怎样与众人保持和睦呢？

首先要与神和好

首先我们要与神保持和睦。以赛亚书59章1节-2节说："耶和华的膀臂并非缩短，不能拯救，耳朵并非发沉，不能听见。但你们的罪孽使你们与神隔绝，你们的罪恶使他掩面不听你们。"我们若是犯罪，就会形成一堵罪墙与神隔绝。故"与神和好"意味着在神与我之间除去罪墙。

当人接待耶稣为救主，就因耶稣宝血的功效得蒙救赎全罪得救（以弗所书1章7节），与神之间隔断的罪墙被拆毁，便得以与神和好。不过要切记：人若罪蒙赦免之后，依旧犯罪作恶，重设罪墙，会再度使自己与神隔绝。

查考《圣经》可以得知，人生各种问题根源于罪。马太福音第9章里，耶稣在医治瘫子之前先赦免他的罪也是出于这个缘由；耶稣医好病了38年的人，后来在殿里遇见他的时候，对他说："你已经痊愈了，不要再犯罪，恐怕你遭遇的更加利害。"（约翰福音5章14节）这显然也表示疾病的原因就是罪。

总之，人若要与神和好，蒙神赐福，得享神的儿女应得的福气，那么必须向神认罪悔改，并且遵行神道，活出真理。凡这样行的人，心里所求的必蒙神的应允，受病痛缠累的必蒙医治，得以康健；物质上有难处的必蒙解决，成为富足。

其次要与自己和好

我们心里若有憎恨、猜忌、嫉妒等恶性残留，心里总是痛苦，不得平安，因为这些罪性会随着环境和条件改变随时被触动和激发。

俗话说："堂亲买地，自己肚子疼（韩）。"表示因别人得到好处而妒火中烧。嫉妒的人是自讨苦吃。只要心里有猜忌、嫉妒、骄傲、争竞、奸淫等恶，人心里必然就忧苦郁闷，没有平安，因为住在心里的圣灵在叹息。

为了保持与自己和睦，务要脱去心里的恶，顺着圣灵而行。

当我们接待耶稣基督为个人的救主与神和好，神就赐下圣灵住在我们心里（使徒行传2章38节）。圣灵就是神的心，使我们呼叫神为父，叫我们明白何为罪、义和审判。于是神的儿女们能够常蒙圣灵的指引，活出神的道。

当我们依靠圣灵的帮助，遵行神的话语，体贴圣灵而行的时候，我们心里内住的圣灵就会喜悦，从而心里常享平安，得与自己和好。

进而彻底脱去心里的恶，与罪的争战止息，我们便可以完全与自己和好。与自己和好的人，才能真正与别人和好。

使人和睦的人有福了，因为他们必称为神的儿子

人与人之间怎样保持和睦

偶尔可以看到教会任职人员中有的人似乎热心爱神，奉献身心，忠于使命，但却不能与同道的弟兄和睦相处。"为了神的国应当这样做！"一旦有了这种自义，他们就单凭一股热情，雷厉风行地推行，从来不会考虑别人的意见。这样一来难免出现一些心怀不平或表示反对的人。

由于持有盲目的热心，还未达到与众人和睦之境界，反而会认为：这是对神国有益的事，不能因几个人的反对而耽误。并不在乎那些持反对意见的人或感到不舒心的人。

心怀良善的人则相反，他们对周围的人体贴入微，施以周全的关照。他们因顺着和睦的道理，体恤、包容众人，便能使众人投靠安歇其怀中。

良善是指向善的真理之心。是仁慈和善、看别人比自己强、顾恤关照别人的情怀（腓立比书2章3节-5节），就是耶稣基督的心肠，正如马太福音12章19节-20节所说："他不争竞，不喧嚷，街上也没有人听见他的声音。压伤的芦苇，他不折断；将残的灯火，他不吹灭。等他施行公理，叫公理得胜，"。

心怀良善的人，不争竞，不自夸，也不自高。他们甚至可以理解和包容那些如压伤的芦苇、将残的灯火般甚恶的人或信心若失的人，施予他们真诚的爱，向他们寄托美好的希望。

例如长子给父母买了贵重礼物以示孝心，觉得弟弟们比不上他，就怒声训斥，伤害他们的感情，身为父母的会是怎样的心情呢？宁可不要这贵重的礼物，也希望长子别让弟弟们伤心，兄弟们能够彼此友爱和睦。

神的心正是如此，祂喜悦我们领悟神的意旨，模成神的心怀，胜于我们成就大事。在不违背真理的前提下，因顾恤对方信心的软弱而谦和退让追求和睦，是更合理的举措。

在管理教会的过程中，我对那些作工没有果效的主的仆人或工人，心里从未存过丝毫的不适。凭着信心对他们恒久忍耐和等候，一心期盼和希望他们得着能力胜任圣工的那一天。如果我只考虑我自己的立场，也许会劝他们说："来年换个使命怎么样？等到具备能力再恢复原职也来得及。"

但我没有那样做，因恐怕有人灰心丧志，一蹶不振。我们只要本着"压伤的芦苇不折断，将残的灯火不吹灭"的良善的心怀行事待人，无论与任何人都能和睦相处。

建立在自我牺牲之基础上的和睦

约翰福音12章24节说："我实实在在地告诉你们：一粒麦子不落在地里死了，仍旧是一粒；若是死了，就结出许多子粒来。"我们若在所有方面体现出彻底的舍我、奉献，就可以成就和睦，多结善果，如同麦子落在地里唯独腐朽而死能发芽，生长，结实百倍。

论到耶稣的牺牲，是为救赎因罪沦丧的人类被钉十架舍身舍

使人和睦的人有福了，因为他们必称为神的儿子

命的彻底的牺牲。祂以自己牺牲的代价，为我们开辟了一条拯救的道路，使无数的灵魂归神作祂的子民。我们也当在家庭、公司、教会等自己所处的各领域中，以身作则，牺牲自己，服侍他人，使我们能够结出完美的和平之果。

人信心的程度各有不同（罗马书12章3节），自义和观念也是千差万别。因为每个人生性、品格、文化程度、成长背景都不同，所以是非标准或品味趣向也是因人而异。人人都有自己的标准，一味地坚持自己的意识形态，或孤行己见，就很难成就和睦。即使自己的观点正确，也能做出退让；为了别人的幸福，宁可牺牲自己的利益，方能与众人保持和睦。

假如生活习惯截然不同的两个姐妹同住一屋，姐姐爱整洁，妹妹则相反。喜欢整洁的姐姐对妹妹经常好言相劝，想帮她纠正她邋遢的习惯。说了几次也不屑听，姐姐觉得很懊恼，就对妹妹宣泄自己的不满，于是两人之间发生了争执。

整洁的习惯固然是好的，但因对方有不及之处就感到厌烦，甚至用尖酸刻薄的话刺伤对方而导致彼此间的争执，这显然不合乎真理。作姐姐的虽然有诸多不便，但用爱心替妹妹清理打扫，直到她更新变化，恒心忍耐和等候才是成就和睦的最佳途经。

春秋时期鲁国有个叫闵损的人，他幼年丧母，父亲续娶一妻，后来又生了两个儿子。后母渐渐虐待闵损，好处都留给自己亲生儿子。冬天做棉衣，后母给亲生儿子絮丝棉，而给闵损填芦花，使闵损倍受寒冷之苦。

有一天，正值隆冬时节，闵损驾车出外，因冻得全身直抖驾车失控，引起了马车颠簸，惊吓了父亲。父亲正要训斥闵损的时候，只见闵损脸色发紫，浑身颤抖，就觉得奇怪，便上前拉开闵损的衣襟，才得知他穿的是填了芦花的衣服。

"这样的严寒，居然给孩子穿填了芦花的衣服！"

父亲一怒之下，要赶走后妻。这时，闵损却就在父亲面前跪下，哀求息怒，劝父亲说：

"父亲，请息怒！母在一子寒，母去三子单！"意思是母亲在的时候，只有我一个人受寒，但是如果母亲走了以后，我们三个孩子就都要受冻挨饿了。

闵损的话感动了后母，使她流泪悔过，从此闵损一家变得和睦融融。

凡这样具有棉絮般温柔的心怀，从不与人计较、争竞的人，所到之处受人欢迎和爱戴。他们是和平的使者，能够为别人牺牲自己，甚至献出自己的生命。

亚伯拉罕的和睦之表现

和平是人类共同的愿望，但实现和平却是来之不易，因为人都有一个自私的心。

不求自己的益处，好像吃亏在眼前，但用信心的眼目去看，却是相反。我们若遵照神的旨意，求让别人得益处，神必以应允和祝

使人和睦的人有福了，因为他们必称为神的儿子

福报答我们。

创世记第13章里讲述着亚伯拉罕和其侄儿罗得的故事。罗得幼年丧父，跟随叔父亚伯拉罕，把他当作自己的父亲。从而因着神所爱的亚伯拉罕得福，他也同得祝福。他们的财物甚多，到了不能同居的地步。由于牲畜繁多，水源紧缺，亚伯拉罕的牧人和罗得的牧人发生争执。

为了防止家族间的纷争，亚伯拉罕决定与罗得分家，并把择地的优先权让给了罗得。

"遍地不都在你眼前吗？请你离开我。

你向左，我就向右；

你向右，我就向左。"（创世记13章9节）

罗得就选择肥美滋润的约旦河的全平原，往东迁移。从亚伯拉罕的立场看，罗得发达的原因乃在于他和亚伯拉罕的关系，且论辈分，亚伯拉罕是罗得的叔父，择地之优先权自然归他。假如亚伯拉罕把优先权让给罗得是出于形式，那么当他看到罗得连一点感激的表示都没有，自私贪婪地择取肥美之地而离去的样子，一定会觉得十分可恶。

但亚伯拉罕是打心底里希望侄儿罗得得着更美之地，从而得以与罗得保持和睦，并由此蒙神更大的祝福。

"从你所在的地方，你举目向东西南北观看，

凡你所看见的一切地，我都要赐给你和你的后裔，直到永远。

我也要使你的后裔如同地上的尘沙那样多，

人若能数算地上的尘沙，才能数算你的后裔。

你起来，纵横走遍这地，

因为我必把这地赐给你。"（创世记13章14节-17节）

其后亚伯拉财富极多，威望甚高，得到四围列国君王的尊敬，且因善美的心灵得称为神的朋友。

这样，凡事求别人得益处的人，设身处地为人着想，给予别人贴心的关照。他们的心灵已经达到有人打右脸，可以转过左脸由他打；有人要拿里衣，可以慷慨为他舍出外衣；有人强逼走一里路，可以甘心同他行二里的境界（马太福音5章39节-41节）。

就像耶稣为将祂钉于十字架的人们代祷那样，他们能够爱仇敌，为逼迫自己的人祷告、祝福。总而言之，为了成就和睦我们必须以真诚的心志牺牲自我，求使别人获益。

务要在真理里面追求和睦

这里需要留意的是：为了成就和睦而恒久忍耐，遮掩人的过，和因不肯援手而视若无睹、袖手旁观是判然有别的。当然，我们不能看见弟兄犯罪而置之不顾，更不能妥协附和。我们追求与众人

使人和睦的人有福了，因为他们必称为神的儿子

和睦，必须在真理里面成就。

例如：当不信的家人催逼你跪拜偶像，或者同事会餐，席间他们敬酒劝酒时，不能迎合妥协（出埃及记20章4节-5节），而当断然拒绝，顺服神喜悦的旨意。

只是要采取智慧的应对举措，以免引起别人的反感；平时要谦卑地服事，殷勤地工作，赢得人的尊重，以温柔的心加以说服求得理解。

我们教会一个姊妹见证：初入公司时，她与同事之间的关系很不协调。一到周末同事们请她去参加郊游活动或各种聚会，但她从不附和，照常去教会参加主日敬拜。

她由此遭到同事和前辈们的蓄意冷落，但她对此毫不介意，反而更加兢兢业业，勤勤恳恳地工作，并自愿帮着职员们承揽琐碎差事。她身上所散发的基督的馨香之气，终于使同事们的心得到感化。如今同事们十分喜爱她，无论组织什么聚会活动，甚至举行婚礼都要安排在周六。

得称为神的儿子的福分

马太福音5章9节说："使人和睦的人有福了，因为他们必称为神的儿子。"那么，得称为神的儿子，究竟是多大的福分呢？

这里"儿子"不单指男子，是包括所有神的儿女。加拉太书3章26节说："所以，你们因信基督耶稣，都是神的儿子。" 这里"神的儿子"，不仅仅意味着蒙恩得救成为神的子民，其中包含着"神所认可的真儿女"这样一种更深层的灵意。

凡接待耶稣为个人的救主，获得属灵信心的人都是神的儿女。约翰福音1章12节说："凡接待他的，就是信他名的人，他就赐他们权柄，作神的儿女。"然而，蒙恩得救作神儿女的并不都是一样的。

比如说家里有子女好几个，有的孩子善解父母的心意，服侍父母让他们安适舒心；有的则经常惹是生非，令父母伤心。神家也是如此，有的儿女殷勤脱去心里的恶，一心遵行神的话语；有的儿女则声称信神，却经常做悖逆神的事，多年也不见改变的迹象。

那么谁是神所认可的真正意义上的儿子呢？毫无疑问是效法主的样式，心里清洁，遵行主道的儿女。创世记17章1节神说"我是全能的神，你当在我面前作完全人"，这句话表明神希望得到的是品行圣洁完全的真儿女。

若想做一个名副其实的神的儿子，我们必须要模成救主耶稣的形像（罗马书8章29节）。神子耶稣被钉十架舍命，代赎了人类的罪，以祂彻底的牺牲，做成了和睦的工作。

我们唯独效法为了救赎人类把自己献作挽回祭的恩主耶稣，舍己为人，追求和睦，才能配称为神的儿子，与主共享属灵的权柄与能力（马太福音10章1节）。

若得称为神的儿子，就可以像耶稣医治百姓各样的病症，使附鬼的得释放，叫已死的人复活那样，医治癌症、艾滋病等各种疑难

使人和睦的人有福了，因为他们必称为神的儿子

病症和不治之症。甚至可以使瘸子行走、瞎子看见、聋子听见、哑巴说话、小儿麻痹得到痊愈。在他们所到之处就有拄拐的丢弃拐杖，坐轮椅的告别轮椅，死了的人得以复活等奇迹显现。

而且仇敌魔鬼、撒但看见他们就战兢恐惧，因此可以使鬼魔附身或被黑暗势力所捆绑的人得到释放（马可福音16章17节-18节）。甚至彰显超越时空的医治能力，有人拿他们的手帕，或其身上携带的物品为病人祷告，也会彰显医治的功效，《圣经》称此为"非常的奇事"（使徒行传19章11节-12节）。

还能像耶稣止息狂风大浪那样，显现驾驭气象的能力（马太福音8章26节-27节）；可以止住降雨；扭转台风路径，甚至使其退去、消失；在晴空中显现彩虹。

除此之外，当我们得称为神的儿子时，将来可以进入有神宝座所在的新耶路撒冷，永世得享神为自己的真儿子们所预备的尊贵与荣耀。当人只拥有仅能得救的信心，就只能进入乐园，但若具备神的真儿子的资格，就可以得进天国最为荣美之处——新耶路撒冷。

在王政时代，将来要继承王位的太子，其权势、威严何等浩大!更何况一个完全模成万有的主宰——神的形像，得称为神的儿子的人所具有的尊贵和荣威呢？他们将来在天上受天军和众天使的护佑和伺候，永远得天国众民的称颂。

并且在神宝座所在的辉煌灿烂的新耶路撒冷，住在用精金宝石所修饰的富丽堂皇的殿宇中，尽享一切的美好，永享尊贵、荣耀、幸福与欢乐。

　　故我们当效法被钉十架为我们舍命牺牲的恩主的心肠，背起自己的十字架，作和平的使者，蒙神的厚爱和祝福。

使人和睦的人有福了，因为他们必称为神的儿子

为义受逼迫的人有福了
因为天国是他们的

马太福音5章10节
为义受逼迫的人有福了, 因为天国是他们的。

"信耶稣得永生！"

"信靠全知全能的神，凡事亨通，祝福满满！"

传福音的人说信耶稣基督不仅能得到永生，还能蒙神的祝福，工作顺利，事业兴旺，诸事亨通，苦尽甘来。

的确如此！仅就本教会来说，每周都有不计其数的见证涌出，使神的名大得荣耀。

然而《圣经》告诉我们信耶稣基督也有受苦难和逼迫的时候。我们为主丢弃一切先前以为与自己有益的，便可获得永生的福分，得享地上的美福，但同时也要为主受苦（腓立比书1章29节）。

"人为我和福音撇下房屋，

或是弟兄、姐妹、父母、儿女、田地，

没有不在今世得百倍的；

就是房屋、弟兄、姐妹、母亲、儿女、田地，

并且要受逼迫，在来世必得永生。"

（马可福音10章29节-30节）

为义受的逼迫

那么什么叫为义而受逼迫呢？是指因着遵行神道，追求真理、光明而受的逼迫。

当然，一个信主的人若不虔诚信道，而迎合、妥协，就不会受

为义受逼迫的人有福了，因为天国是他们的

逼迫了。可是尽心尽意信从神道的人，有时会遇到难处，或无辜受到压制、打击。对此提摩太后书3章12节说："凡立志在基督耶稣里敬虔度日的，也都要受逼迫。"

例如：人还没信主的时候，经常和朋友一起喝酒，粗言秽语互不顾忌。但自从蒙神恩典之后酒也戒掉了，并且努力过敬虔的生活。这样一来自然就与不信的同事或朋友渐渐疏远，拉开了距离，即使同处也没有乐趣，他们就感到失望，于是刻薄嘲讽来宣泄不满。

信神之前，我也曾有许多酒友。每逢亲属们相聚，饮酒取乐自然也是少不了的一件事。但我信主之后，在教会复兴盛会上明白了"不要醉酒"这一神言，便立刻戒掉了曾经那么酷爱的酒。从此，无论哥哥，还是亲戚、朋友来访，我都不给他们预备酒喝，便讨了不少"待客轻薄"的怨言、闲话。

另外，信主的人为了全守主日，不能参加公司交友活动，或联谊会之类的聚会，也会成为遭逼迫的成因。在未成就福音化的家庭里还存在信主的人因拒拜偶像而受逼迫的现象。

凡作恶的便恨光

那么，信主的人受逼迫遭难的原因是什么呢？这可以拿"水油不相容"来形容。经上说"神就是光"，因此，按灵意讲，信靠主，活出神道的人是属光明的（约翰一书1章5节）。反之，我们生活的这个幽暗世界的主宰，就是仇敌魔鬼、撒但（以弗所书6章12节）。

明光照耀，黑暗消退；信主的人数增多，幽暗世界的主宰魔鬼、撒但的领域便相对缩小。仇敌魔鬼、撒但唆使受自己掌控的世人，逼迫属光明的圣徒们，企图夺走他们对主的信仰。

约翰福音3章20节-21节说："凡作恶的便恨光，并不来就光，恐怕他的行为受责备；但行真理的必来就光，要显明他所行的是靠神而行。"

心地善良的人，见到活出神道，秉行公义的人，他们心里自然会受感动，于是欣然领受福音。反之，恶人反倒以为他们愚拙，甚至恨恶憎嫌，加以逼迫和苦害。

有的人还企图用自己的价值观加以劝说，甚至还举着实例进行引诱——"信得未免太极端了吧？母胎信仰、教会的长老还喝酒呢！"但身为神的儿女，决不能因怕使同事、上司或朋友、亲属一时不快或不满而行神所憎恶的不义。

神为了救赎因罪沦丧的我们，舍出了自己的独生爱子；神子耶稣为我们受尽蔑视凌辱，背负我们的罪，在十架上舍命。我们既已蒙了这般大爱，就算受到逼迫也不能与世俗妥协，苟且求得眼前的安逸。

为义受逼迫的例子

沙得拉、米煞、亚伯尼歌同但以理于主前605年，在巴比伦王尼

为义受逼迫的人有福了，因为天国是他们的

布甲尼撒第一次入侵攻陷耶路撒冷时被掳到巴比伦。在这充斥着腐化享乐、偶像崇拜的外邦世界中，他们依然敬畏神，秉行公义。

有一天他们面临巨大危机。王立了金像，令举国百姓向其俯伏叩拜，违者立时扔在烈火的窑中。此时只需一次跪拜，就可免遭灭顶之灾。然而，沙得拉、米煞、亚伯尼歌坚决拒拜那个偶像。

因为出埃及记20章4节-5节说："不可为自己雕刻偶像；也不可作什么形像仿佛上天、下地和地底下、水中的百物。不可跪拜那些像；也不可侍奉它……。"

但以理的三个朋友似乎注定要被扔进烈火的窑中，但他们没有分毫的摇动，此时口中所出大义凛然的表白，感人肺腑：

"即便如此，我们所侍奉的神，

能将我们从烈火的窑中救出来。

……即或不然，王啊，你当知道我们决不侍奉你的神，

也不敬拜你所立的金像！"（但以理书3章17节-18节）

面对死亡的威胁，他们毫不妥协，反而不屈不挠，坚守对神的信仰。神喜悦他们这一信心的表现，保守他们在烈火的窑中毫发无损。

自身的欠缺导致的逼迫

在此我们必须认清的是：基督徒受逼迫并非都是像但以理三友那样为义而受的逼迫，其实大多数情况都是自身的欠缺所导致的。典型的例子就是：以作神的工为由，没有在自己的当守的位置上尽忠。

学生荒废学业；主妇忽略家务，只热衷于教会的事，自然就受家人的逼迫。尽管逼迫的要因是自己不好好学习，或没有照顾好家庭，但他们却把原因归结是为主尽忠所致。

在公司里工作态度向来不认真的一个人，若是借托教会有事为由，把自己的本职工作托给别人做，因而受到批评指责，那么这显然不是为义受的逼迫。

对此彼得前书2章19节-20节说："倘若人为叫良心对得住神，就忍受冤屈的苦楚，这是可喜爱的。你们若因犯罪受责打，能忍耐，有什么可夸的呢？但你们若因行善受苦，能忍耐，这在神看是可喜爱的。"

为义受逼迫的人有福了

马太福音5章10节说："为义受逼迫的人有福了"，那么为何说为义受逼迫的人反倒有福呢？因着行恶或违背律法而遭到遏制，是不会给人带来祝福，更不能带来天国的奖赏。为义受逼迫的人之所以有福，是因为他们能够拥有天国。

就像雨后的土地更硬实，圣徒们因着在世上受逼迫，信心会变得更加坚固，行为变得更加纯正。他们会因着苦难发现并离弃自己未曾察觉的深层的非真理，性情变得温柔，追求与众人和睦，甚至会模成主的心，达到爱仇敌的境界。

从前被人打了右脸，就气愤难耐立刻还击的人，通过苦难学会服侍和仁爱，便可以转过左脸由人打；遇到难处就忧伤、抱怨、哀叹的人，通过逼迫的操练，信心长进，根基牢固，心中便充满了对天国的盼望，不拘何时心中总洋溢着感恩和喜乐。

例如：一位圣徒在公司里遭到同事处处刁难，事事找茬。同事无缘无故厌烦他，经常背后说他的坏话，做出许多超乎常理的举动，令他十分痛苦。

这位圣徒素来广受"为人良善"的好评，但因这次遭遇，他发现了自己心里潜藏着仇恨这个罪性。他立刻下定决心遵照神"要爱仇敌"的诫命包容这个人。这位圣徒仔细观察同事的嗜好，然后时常给予他贴心的关照。

当他为同事祷告祝福的时候，感觉里面萌生了爱心，两人终于和好，关系变得比谁都亲密。

诗篇119篇71节说："我受苦是与我有益，为要使我学习你的律例。"当我们通过苦难更加降卑己心，专心靠主脱去罪恶成为圣洁的时候，周边的逼迫自然就会消失。

总之，我们藉着为义而受的逼迫，信心得以长进，博得众人尊敬，蒙神灵肉并举的大福。而且随着成就神的义的程度加深，我们就可以得着更美的天国。这是何等大的福分！

按照为义受逼迫的程度得着不同的天国居所与荣耀

那么，第一种福分——虚心的人所得到的天国和第八种福分——为义受逼迫的人所得到的天国相同吗？这两者有着很大的区别。

前者是凡蒙恩得救的人都能进入的广义上的天国，后者则是指各人按照为义受逼迫的程度，进入更美的天国居所。因为我们心里成圣，活出真儿女的形像，担当使命的程度，将决定我们将来在天上的居所与奖赏。

约翰福音14章2节里，耶稣说："在我父的家里有许多住处；若是没有，我就早已告诉你们了。我去原是为你们预备地方去。"

哥林多前书15章41节说："日有日的荣光，月有月的荣光，星有星的荣光。这星和那星的荣光也有分别。"这两处章节表明：各人按照成就神的义之程度，在天上获得不同的住处与尊荣。

虚心的人是因接待耶稣为主只是获得进天国的资格。之后应当带着哀恸的心悔改自己的罪，脱去心里的诸恶，渐渐把自己打造成清洁温柔谦和的人。就是要坚持不懈地行义，使信心不断地长进。总而言之，那些通过逼迫和熬炼醒悟并离弃自身的恶，成为圣洁的人，才能获得天国更美的住处，能够得见神的面。

为义受逼迫的人有福了，因为天国是他们的

为主受的逼迫

我们越发成就公义，逼迫就会相应减少；随着信心长进，行为完全，越发得到周围人的尊重。进而灵肉间蒙神丰盛的祝福。

前面提到的但以理的三友就是典型的例证，他们虽因坚守对神的义，被扔进烧热七倍的火窑中，但蒙神保守，连头发也没有烧焦。

王看见这一神迹，便将荣耀归给这位全知全能的真神，并在巴比伦省，高升了他们三个人（但以理书3章28节-30节）。

不过并非我们全守神的道，全然成就神的义就不再受任何逼迫。有一种逼迫叫"为主而受的逼迫"，这是为兴旺神国而蒙召的工人所受的逼迫。

> "人若因我辱骂你们，逼迫你们，
>
> 捏造各样坏话毁谤你们，
>
> 你们就有福了。应当欢喜快乐，
>
> 因为你们在天上的赏赐是大的。
>
> 在你们以前的先知，人也是这样逼迫他们。"
>
> （马太福音5章11节-12节）

自古以来有许多信心的楷模古人先知，为成就神的旨意而甘心承受苦难。神本体的真像——耶稣虽无瑕疵、无玷污，却亲身担当了罪人该受的刑罚。为了成就救赎人类的旨意，祂受了鞭打，受尽蔑视凌辱，最终被钉死在十字架上。

使徒保罗的例子

以身为外邦人的使徒，为基督的福音传播到全世界奠定基础的保罗为例，他通过三次传道旅行，到处建立了许多教会。然而他所走过的这条路并不是平坦的。从他的表白中我们也可以得知这一点。

> "我比他们多受劳苦，多下监牢，
> 受鞭打是过重的，冒死是屡次有的。
> 被犹太人鞭打五次，每次四十，减去一下；
> 被棍打了三次，被石头打了一次，
> 遇着船坏三次，一昼一夜在深海里。
> ……多次不得食，受寒冷，赤身露体。"
> （哥林多后书11章23节-27节）

使徒保罗所受的苦难十分深重，甚至有一帮人同心起誓"若不先杀保罗，就不吃不喝"（使徒行传23章12节）。但使徒保罗因有对天国的盼望，所以无论面对任何逼迫与患难，也能够常常喜乐，凡事谢恩（腓立比书2章17节），并且不以自己的性命为念，为了神

为义受逼迫的人有福了，因为天国是他们的

的国和神的义而至死忠心（提摩太后书4章7节-8节）。

神人受苦难，并非由于无能。被钉在十字架上的耶稣若是愿意，祂就可以招十二营多天使来灭绝那些害祂的恶人（马太福音26章53节）。

摩西或使徒保罗行了大权能，以致众人以为他们是神（出埃及记7章1节；使徒行传14章8节-11节）。甚至人们从保罗身上拿手巾或围裙放在病人身上，病就退了，恶鬼也出去了（使徒行传19章12节）。

但他们知道因自己所受的逼迫，神远大的旨意将会成就，所以甘心承受那些巨大的磨难，从未试图退后或逃避。他们凭着炽热的情怀，放胆宣告神的旨意，力行神指示他们的事。

对欢喜快乐的人所赐的天国的赏赐

他们为主受逼迫时之所以能够欢喜快乐，是因为在天上的赏赐是大的（马太福音5章11节-12节）。

古代有不少忘身报国，舍生取义，救国家和君王于危难之中的忠良之士。王感谢他们燃尽生命的忠诚，给他们加官晋爵，赋予极大的殊荣。对于殉国身亡的人，王还会封妻荫子显耀门庭。

正如约翰福音15章13节所说："人为朋友舍命，人的爱心没有比这个大的。"他们为王舍命，显明他们对王的敬爱与忠贞。

更何况当一个人为主受逼迫、遭苦难，甚至为主舍命时，万有的主宰、全能的神怎能不给予厚恩呢？神必照他所行的倾福于他，甚至超乎他所思所想。

　　神会赋予他们特殊的恩典，使他们在天上得到比别人更为荣美的住处。为主殉道的人，他们对主的爱心已蒙神的认可，便能进入第三层天国或者新耶路撒冷。因为一个能为主舍命殉道的人，即使他尚未成圣，只要给他们更多的时间，他们必会尽心竭力离弃罪恶，进入全然成圣的境界。

　　为主受了许多苦难，并为主舍命殉道的使徒保罗，得与神进行深层的交通，体验许多天上的事。他见到乐园的荣美情景之后，感慨地说："我想，现在的苦楚若比起将来要显于我们的荣耀，就不足介意了。"（罗马书8章18节）

　　他还坦然地告白说："那美好的仗我已经打过了，当跑的路我已经跑尽了，所信的道我已经守住了。"（提摩太后书4章7节）

　　为主受逼迫，甚至殉道的人，他们所付出的劳苦和忠心无一不被神记念，神以极大的尊荣和极丰的赏赐报应他们。正如保罗所言，包括公义的冠冕在内的各种各样的冠冕，以及用精金宝石所修饰的豪宅等超乎人的想象的丰赏与尊荣为他们存留。

　　即使在世没有因主失去肉体的生命，但我们在凡事上以殉道的心志为主所行的义，为主所受的逼迫，都将成为天国的奖赏与祝福。

　　所以，无辜为主受苦，反而欢喜感恩的人，神必成全他们的夙愿，补足他们所需，时常显现神同在的见证。他们每当胜过苦难，

为义受逼迫的人有福了，因为天国是他们的

信心都会有相应的增长，并得到能力与权柄，得与神清晰深交，显现更大的权能。

然而为主不惜付出生命代价的人，就算在地上得不到任何安慰，他们也不介意。因为知道将来在天上所要得的祝福与赏赐是无与伦比的，所以反而能够更加欢喜快乐。

与主同受苦难的人所蒙的祝福

在此还有一点要切记：当神人为主受逼迫时，与之悲苦与共的人，会同蒙神的祝福。

大卫因着在神面前犯罪的报应，遭亲生儿子押沙龙谋反追杀时，那些心诚志坚的人依然认定大卫是神人，与大卫同甘共苦，生死与共。等到大卫重获神对他往日的厚恩时，他们也得享尊荣。

更何况在神人为主的名受苦的时候，以诚实的心共度患难的人，神怎能不让他同蒙极大的尊荣呢？这就是神照着公义所定的旨意。耶稣也曾告诉与祂同受苦难的门徒们，将来在天上得到怎样的奖赏，以加增他们的盼望。

"我在磨炼之中，常和我同在的就是你们。
……叫你们在我国里，坐在我的席上吃喝，
并且坐在宝座上，审判以色列十二个支派。"
（路加福音22章28节-30节）

我和本教会在开展圣工的过程中也受过许多的逼迫。我们向世界宣讲关乎天国、地狱和天使等灵界深奥之事，明知这样会有逼迫，但因晓得这是神的旨意，便义无反顾。

　　面对不堪承受的巨大试炼，我以祷告和禁食将一切向神交托。于是神赐我更大的权能，藉着我彰显无数的奇事和神迹，使众人各样的病症得到医治，甚至使小儿麻痹、视力障碍、听力障碍等生理机能退化导致的或先天因素造成的重症也得到医治。

　　不仅如此，神还使我们频频举行海外联合大盛会，一次就领数十万甚至数百万的灵魂归主。我们的圣工受到世界瞩目，世界首屈一指的新闻传媒CNN也曾报道过相关新闻。

　　2005年GCN（世界基督教广电传媒联网）得以开播，以无线电波的方式播送到纽约和新泽西州一带，成为基督教福音台之首创。开播仅仅一年，神又祝福我们开通卫星传送，可以在地球村任何一个地方都能收看GCN福音节目。

　　在神的恩典下，尤其2006年7月在纽约麦迪逊广场花园举行的联合大盛会，通过GCN电视台以及CosmoVision、GloryStar、DayStar基督教卫星电视网络，传播到世界200多个国家。

　　在这样的荣耀背后，凝聚许多圣徒们流泪的恳求。大多数圣徒们在教会遇到困难的时候，同心合意祷告、禁食，尽心竭力维护教会。

　　我看到圣徒们因着为主同受苦难，他们属灵的信心得以增长，灵里变得刚强壮胆，对神的爱越发加深，对天国的盼望越发充实。

为义受逼迫的人有福了，因为天国是他们的

而且所行的一切都化作了祝福，家庭、工作、事业上蒙神丰盛的恩赐，使神的名大得荣耀。

凡追求真福的人，无论为主受怎样的逼迫，都能从心里欢喜快乐，因为他们想望所要得的永恒的赏赐。

追求真福的人

本书已进入尾声，透过这"八福"的宝训，我们得知神所指的福分，和世人所认为的福气是截然不同的概念。

大多数人认为人一生的福气莫过于享受富裕的生活，然而神说"虚心的人有福了"，表示人的福分在于心灵的穷乏虚逊。人们说幸福欢乐是种福气，神却说哀恸的人有福了。并说饥渴慕义的人、温柔的人……为义受逼迫的人有福了。

"八福"的信息中包含着虚心的人拥有天国、为义受逼迫的人模成神的心等获得真福的一切路径。

因此人只要顺从神的话语，就可以除去各样的恶事，心里被真理所充满，全然恢复神温柔圣洁的形像，具备充足的信心，进入全灵的境界，成为神所喜悦的人。

这样的人就像树栽于水旁，根扎在河边，因常得活水的滋养，遇到炎热，甚至持久的干旱，叶子仍必青翠，而且结果不止（耶利米书17章7节-8节）。

神是万福的泉源，凡活出祂道理的人无畏任何困难，时常体验神的慈爱和祝福的恩赐。

奉主的圣名祝福各位读者一心指望将来要显于我们的荣耀，努力成就"八福"的宝训，无论在地还是在天，都能尽享父神所赐的真正福分。

"不从恶人的计谋，

不站罪人的道路，

不坐亵慢人的座位，

惟喜爱耶和华的律法，

昼夜思想，这人便为有福。

他要像一棵树栽在溪水旁，

按时候结果子，叶子也不枯干。

凡他所作的尽都顺利。"

（诗篇1篇1节-3节）

为义受逼迫的人有福了，因为天国是他们的

追求真福的人

本书所引圣经经文取自《现代标点和合本》

作　者: 李载禄
编　辑: 宾锦善
设　计: 乌陵出版社设计组
发　行: 乌陵出版社（发行人: 宾圣男）
印　刷: 艺源印刷厂
出版日期: 2007年7月初版（韩国，乌陵出版社，韩国语）
　　　　　2013年10月初版（韩国，乌陵出版社）

Copyright © 2013 李载禄博士
ISBN 978-89-7557-846-5 04230
ISBN 978-89-7557-421-4（set）
Translation Copyright © 2013 郑求英博士

问 讯 处: 乌陵出版社
电　　话: 82-2-837-7632 / 82-70-8240-2072
传　　真: 82-2-869-1537
E-mail: urimbook@hotmail.com
www.urimbooks.com

旧约时代大祭司为了求问神的旨意而使用的决断胸牌"乌陵"，希伯来语意为"光"（出28:30）。"光"就是神道，即为生命。乌陵出版社为了用真光照亮整个世界，如今正在以祷告和赤诚，奔跑在文书宣教的前沿。

www.ingramcontent.com/pod-product-compliance
Lightning Source LLC
Chambersburg PA
CBHW020407130626
46549CB00006B/2471